Friedrich Schiller

Wilhelm Tell

Unterrichtsvorschläge
und Kopiervorlagen

Theo Herold

Cornelsen

Inhalt

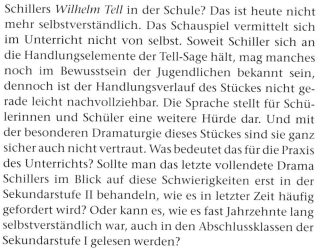
Schillers *Wilhelm Tell* in der Schule? Das ist heute nicht mehr selbstverständlich. Das Schauspiel vermittelt sich im Unterricht nicht von selbst. Soweit Schiller sich an die Handlungselemente der Tell-Sage hält, mag manches noch im Bewusstsein der Jugendlichen bekannt sein, dennoch ist der Handlungsverlauf des Stückes nicht gerade leicht nachvollziehbar. Die Sprache stellt für Schülerinnen und Schüler eine weitere Hürde dar. Und mit der besonderen Dramaturgie dieses Stückes sind sie ganz sicher auch nicht vertraut. Was bedeutet das für die Praxis des Unterrichts? Sollte man das letzte vollendete Drama Schillers im Blick auf diese Schwierigkeiten erst in der Sekundarstufe II behandeln, wie es in letzter Zeit häufig gefordert wird? Oder kann es, wie es fast Jahrzehnte lang selbstverständlich war, auch in den Abschlussklassen der Sekundarstufe I gelesen werden?

Die folgenden Unterrichtsvorschläge gehen von der Annahme aus, dass beides möglich ist. Die Auseinandersetzung mit einem solchen Dramentext kann auf unterschiedlich differenzierte Weise geschehen, das Textverständnis kann unterschiedlich weit vorangetrieben werden und muss daran geprüft werden, was für die einzelne Altersstufe bzw. für die individuelle Lerngruppe angemessen ist. Diesem Grundgedanken ist dieses Heft mit seinen Unterrichtsvorschlägen verpflichtet.

Der Einstieg erfolgt über die Tell-Sage. Drei Handlungselemente – der Apfelschuss, der Sprung aus dem Schiff und der Schuss in der Hohlen Gasse – werden durch bildhafte Darstellungen vermittelt. Es sind Anstöße, die sagenhafte Geschichte zunächst als ganze zu rekonstruieren. Was dazu an weiteren Hinweisen fehlt, kann leicht aus Nachschlagewerken oder über eine Internet-Recherche ergänzt werden. Nach diesem Einstieg gilt das erste Kapitel der Tell-Figur bzw. der Tell-Handlung in Schillers Drama. Der Retter, der Jäger, der Meisterschütze – in diesen Rollen verkörpert sich die Figur im Verlauf ihrer Auftritte. Held oder Mörder – das ist zugleich die zentrale Frage, die sich am Ende dieses Handlungsstrangs stellt.

„Die Sache der Schweizer" – damit rückt der zweite zentrale Handlungsstrang des Dramas in den Blick. Während Tell allein handelt, suchen die Eidgenossen den Zusammenschluss unter Gleichgesinnten. „Schlimme Geschichten" von Willkür, Gewalt und Mord werden zum Auslöser für den gemeinsam geplanten Kampf gegen die politische Unterdrückung. „Der Schwur der Verschwörer" zeigt, wie und wozu die Eidgenossen ihr Bündnis eingehen. Die Frage nach dem Widerstandsrecht reflektiert – auf

anderem Niveau – noch einmal jenen Aspekt, der schon bei Tells Schuss auf Gessler zentrale Bedeutung hat. „Die Sache der Schweizer" – dazu gehören auch die Frauen und ihr Anteil am Freiheitskampf der Eidgenossen.

„Von Land- und Edelleuten" handelt das dritte Teilkapitel. Während die Schweizer als „Landleute" zunächst als homogene Gruppe erscheinen, wird die soziale Differenzierung in so genannte „Freie" und „Unfreie" erst bei genauerem Hinsehen erkennbar. Ähnlich differenziert ist das Bild des neuen und alten Adels, das Schiller in seinem Stück zeichnet.

Bertha von Brunek ist eine weitere bedeutsame Frauenfigur, deren Liebe zu Ulrich von Rudenz einen dritten Handlungsstrang im Drama bildet. Sie ist es, die in der Schluss-Szene zusammen mit dem Geliebten die alten Gegensätze zwischen Land- und Edelleuten aufhebt.

In welchem Sinne Schillers *Tell* revolutionäres Volkstheater ist, untersucht das folgende Kapitel. Bei aller Bedeutung, die die namentlich benannten Handlungsträger in diesem Schauspiel haben, darf nicht übersehen werden, wie oft Schiller „das Volk" in den Szenenablauf integriert. Die Volksszenen werden damit zu einem wesentlichen Mittel der Dramaturgie. Andererseits wird auch erkennbar, welche Vorstellung vom revolutionären Kampf des Volkes Schiller propagiert. Eine neue politische Ordnung ist nur dort möglich, wo Prinzipien und Werte nicht vollends über Bord geworfen werden. Schiller, engagierter, aber auch kritischer Zeitgenosse der Französischen Revolution, zeigt hier im Modell, was Recht ist und was nicht.

Vorschläge für Referate und Projekte einerseits, für Klausuraufgaben andererseits bilden den Abschluss des Heftes. Sie ergänzen und vertiefen Aspekte, die in den vorangegangenen Kapiteln behandelt sind:

„Tell-Bilder" zeigen auch die Prosatexte von Max Frisch und Robert Walser, beiden gemeinsam ist das Ziel einer Heroisierung der Figur entgegenzuarbeiten.

Vom Bild des Jägers ist ein Vergleich mit dem Schiller-Gedicht *Der Alpenjäger* aufschlussreich.

„Wilhelm Tell" und die Musik" beleuchtet ein weiteres wichtiges dramaturgisches Mittel, das im Deutschunterricht leicht vernachlässigt wird, während die Seite „Schiller – Stationen seines Lebens" dazu anregt, den Lebensweg dieses Klassikers einmal genauer zu untersuchen und die Entstehungsphase des *Wilhelm Tell* darin einzuordnen.

Die Tell-Sage

4

*Apfelschuss
(Holzschnitt aus
Pettermann Etterlyn: Kronica von
der loblichen Eydtgenoschaft, 1507)*

*Der Sprung Tells aus dem Schiff
(Kupferstich von Charles Guttenberg nach einem Gemälde von
Johann Heinrich Füssli, um 1780)*

*Gessler: Das ist Tells Geschoss
(Kupferstich von Johann Heinrich Ramberg, 1815)*

Die Tell-Sage gehört zu den bekanntesten Sagen überhaupt. Diese Darstellungen halten markante Szenen daraus fest.

▶ **1** Fassen Sie anhand der Darstellungen die wesentlichen Stationen der Tell-Sage zusammen.

▶ **2** Über den Tell-Stoff und Schillers Quellen informiert das Kapitel 5 des Kommentars (SBB, S. 153–155). Welche dieser Informationen würden Sie für das Programmheft einer Aufführung des Schauspiels an Ihrer Schule übernehmen? Entwerfen Sie einen solchen Text, der über Tell und die Tell-Sage einführend informiert.

KOPIERVORLAGE 1

Die Tell-Sage

Für den Einstieg über die Tell-Sage sprechen zwei Gründe: Zunächst die Annahme, dass es Vorkenntnisse gibt, die sich auf die Person Tells beziehen: Tell, der Meisterschütze mit Pfeil und Bogen, Tell, der gezwungen ist die Waffe gegen sein eigenes Kind zu richten und diese Bewährungsprobe besteht.

Die Abbildungen sollen in diesem Sinne Hilfe und Anregung sein, Vorkenntnisse zu sammeln und den Kern der Tell-Sage bewusst zu machen.

Der zweite Grund für diesen Einstieg liegt darin, dass die Tell-Handlung in Schillers Schauspiel relativ eigenständig ist. Schiller selbst hat dies so gesehen und betont, dass das Stück nicht Szene für Szene und Akt für Akt entstanden ist, vielmehr wurden Teile, die zusammengehören, zunächst auch für sich fertig gestellt. Im Vergleich zu diesen anderen Handlungssträngen ist die Tell-Handlung sicher leichter zugänglich.

Zu den ausgewählten Abbildungen

Darstellungsart und Entstehungszeit der Abbildungen sind sehr unterschiedlich. Die Holzschnittillustration der Apfelschuss-Szene steht in der Einfachheit ihrer Darstellung in deutlichem Kontrast zu dem Bild Tells und seinem kraftvollen Sprung aus dem Schiff Gesslers: Tell als Vorbild für alle Freiheitskämpfer, die im Verlauf des amerikanischen Unabhängigkeitskrieges und der revolutionären Ereignisse in Frankreich gegen Ende des 18. Jahrhunderts eine besondere Popularität gewannen. Der Tellsprung wird hier zum Sinnbild für den revolutionären Kampf, der die alte überkommene Ordnung hinter sich lässt.

Die dritte Abbildung, der Kupferstich von Johann Heinrich Ramberg, bezieht sich direkt auf eine Szene aus Schillers Schauspiel. Ramberg gehörte zu Beginn des 19. Jahrhunderts zu den bekanntesten Buchillustratoren; er hat eine Vielzahl von Illustrationen gerade zu den Werken Schillers geliefert. Im Vordergrund steht diesmal nicht Tell, sondern der durch den Pfeil tödlich getroffene Gessler. Tell selbst befindet sich im Hintergrund, eher rokokohaft-verspielt, das Revolutionär-Kämpferische ist in der Darstellung wieder zurückgenommen.

▶ **1** Inwieweit die Schülerinnen und Schüler in der Lage sind die drei dargestellten Szenen miteinander zu verknüpfen, bleibt abzuwarten. Sollte dies ohne weitere Hilfen nicht möglich sein, kann entweder ein Nachschlagewerk hinzugezogen werden (Stichwort „Tell") oder die Fassung der Sage, wie sie die Gebrüder Grimm in ihrer Sammlung *Deutsche Sagen* überliefert haben (http://gutenberg.spiegel.de/grimm/sagen).

▶ **2** Die Hinweise in Kapitel 5 des Kommentars zum „Tell-Stoff und Schillers Quellen" enthalten wichtige Zusatzinformationen. Soweit schriftliche Quellen vorliegen, lässt sich die Geschichte Tells bis ins 15. Jahrhundert zurückverfolgen. Belegt ist auch, welche Quellen und Darstellungen Schiller herangezogen hat (s. SBB, S. 155). Anderes dagegen bleibt offen: ob Tell gelebt hat oder nicht, ob die Tell-Sage nicht doch eine Wandersage ist (d. h. Elemente der Erzählung gelangen in eine bestimmte Region und werden hier mit lokalen Ereignissen verbunden) und – wenn ja – auf welche Weise diese Geschichte in die heutige Schweiz gelangte.

Die Aufgabe, für das Programmheft einer Schülerautführung einen Informationstext zu verfassen, zwingt zu einer Auswahl. Was passt auf eine DIN-A5-Seite oder auf eine Doppelseite? Wie soll das Seiten-Layout aussehen? Wie kann der Text strukturiert werden (Hervorhebungen, Überschriften, Zwischenüberschriften, Zitate oder eine Abbildung)? Da der Text auf eine Aufführung einstimmen soll, muss nicht alles vorweggenommen werden.

Der erste Auftritt

6

Ferdinand Hodler wurde 1853 in Bern geboren und starb 1918 in Genf.

Ferdinand Hodler: Wilhelm Tell
(Öl auf Leinwand, 1896/97)

Schiller wählt für den ersten Auftritt seines Helden eine markante Situation.

▶ **1** Untersuchen Sie den Aufbau der Tell-Darstellung von Ferdinand Hodler und umschreiben Sie die Wirkung, die von ihr ausgeht.

▶ **2** Stellen Sie sich vor, Sie suchen für die Rolle des Wilhelm Tell in Schillers Drama einen Darsteller.
Was wäre Ihnen wichtig? Ergänzen Sie: In meinen Augen ist Wilhelm Tell ein Mann, der …

▶ **3** Zu Tells Auftritt vermerkt Schiller in der Regieanweisung nur: *Tell mit der Armbrust.*
Wie stellen Sie sich diesen Auftritt Tells vor?
Ergänzen Sie die Regieanweisung so, dass Ihre Vorstellungen über die Art und Weise des Auftretens deutlich werden.

▶ **4** Untersuchen Sie den Gesprächsverlauf in diesem kurzen Szenenabschnitt und bestimmen Sie die Rolle, die die einzelnen Personen im Gespräch einnehmen.

▶ **5** Wie Tell auf den kurzen Bericht Kuonis reagiert, bleibt offen.
Wie hätte ein anderer in dieser Situation reagieren können?

▶ **6** Tell als Helfer und Retter: Fassen Sie zusammen, welches Bild diese kurze Szene vermittelt.

Der erste Auftritt

Tells erster Auftritt in der ersten Szene des Stückes ist überraschend kurz, allerdings ganz auf Wirkung angelegt. „Seht wer da kommt!" – so wird sein Auftritt angekündigt, und dies in einem Moment höchster dramatischer Spannung. Ein schweres Unwetter kündigt sich an. Und ein Mann ist auf der Flucht vor seinen Verfolgern. Die Situation erfordert rasche Hilfe selbst auf die Gefahr hin das eigene Leben zu riskieren.

▶ **1** Das Gemälde von Hodler wird ganz von der kraftvollen Gestalt Tells bestimmt, die aus dem Bildhintergrund den Betrachtenden entgegentritt. Körperhaltung und Körpersprache sind ganz auf Abwehr einer Gefahr oder Bedrohung ausgerichtet. Auffällig ist die Haltung der ausgestreckten Arme, der ernsthaft-entschlossene Gesichtsausdruck, der sichere, feste Stand der kräftigen, muskulösen Beine. Trotz einfacher Kleidung wirkt diese Gestalt hoheitsvoll, mächtig, überlegen. Welche Gefahr auch immer von außen droht, gegenüber dieser gesammelten Kraft kann sie sich nicht durchsetzen.

▶ **2** Angesichts der Darstellung Tells in dem Monumentalgemälde von Hodler ist es sicher nahe liegend, dass die Vorschläge für eine Rollenbesetzung zunächst in die gleiche Richtung zielen: groß, kräftig, stattlich … Wer wie Tell als Jäger im Hochgebirge lebt, wer auch bei Sturm und Unwetter ein Boot sicher über den See bringt, der wird über entsprechende körperliche Voraussetzungen verfügen. Andererseits kann eine solche Rolle auch bewusst gegen die Erwartungen des Publikums besetzt werden. Auf diese Weise kann die Figur wieder stärker in den Bereich des Alltäglichen eingeordnet und aus dem Bereich des Mythisch-Heldischen gelöst werden.

▶ **3** Wie „geht" ein Mann wie Tell? Woher kommt er? Von oben, von den Bergen also? Sieht auch das Publikum – wie Kuoni –, dass Tell kommt, oder betritt dieser einfach von der Seite die Bühne? Wie drücken sich Kraft und Stärke einerseits, Ruhe und Bestimmtheit andererseits körpersprachlich aus? Eile und Hast passen sicher weniger zu dieser Figur. Man erwartet eher einen festen Schritt und ruhige Bewegungen. Tell ist jedenfalls, wie seine erste Äußerung zeigt, sofort „da", er erfasst die Situation auf Anhieb und stellt die entscheidende Frage.

▶ **4** Der Gesprächsverlauf zeigt die Beteiligten in unterschiedlichen Rollen. Tell ist der, der Fragen stellt, Kuoni beantwortet seine Ausgangsfrage, danach wendet sich Tell nur noch an den Fährmann. Der verteidigt sich gegen das Ansinnen die Überfahrt bei diesem Wetter zu wagen. Tells Entscheidung, anstelle des Fährmanns das Boot zu führen, erfolgt ohne Zögern und Bedenken: Seine schwache Kraft und Gottes Hilfe sollen es schaffen.

▶ **5** Es ist auffällig, dass Tell auf Kuonis Erklärungen nicht weiter reagiert. Zeigt er sich überrascht? Warum fragt er nicht nach? Immerhin hört er, dass Baumgarten „des Königs Burgvogt" erschlagen hat. Die Erklärung („er hat sein' Ehr/Verteidigt", SBB, S. 15₁₂₈f.) bleibt angesichts dieses unerhörten Vorgangs sehr allgemein.

▶ **6** In der Zusammenfassung können vor allem die rasche Entschlusskraft, die Uneigennützigkeit des Helfens und das Vertrauen in die eigene Kraft und in Gottes Hilfe herausgehoben werden. Tell macht keine unnötigen Worte. Er erfasst die Situation sofort und handelt danach.

Tell, der Jäger

WALTHER *singt:*

Mit dem Pfeil, dem Bogen,
Durch Gebirg und Tal
Kommt der Schütz gezogen
1470 Früh am Morgenstrahl.

Wie im Reich der Lüfte
König ist der Weih, –
Durch Gebirg und Klüfte
Herrscht der Schütze frei.

1475 Ihm gehört das Weite
Was sein Pfeil erreicht,
Das ist seine Beute,
Was da kreucht und fleugt.

SBB, S. 64 1467–1478

Das von Walther gesungene Lied eröffnet die Szene III,1. Gleichzeitig spielen er und sein Bruder *mit einer kleinen Arm-brust*, wie es in der Regieanweisung heißt. Das Lied ist kaum zu Ende, da zerreißt die Bogensehne.

Das Lied wurde für die Berliner Aufführung 1804 vertont und rasch so populär wie ein Volkslied.

▶ **1** Welches Bild vom Jäger zeichnet dieser Liedtext?

▶ **2** In dem auf das Lied folgenden Gespräch zwischen Tell und seiner Frau Hedwig wird deutlich, dass die beiden den Beruf des Jägers sehr unterschiedlich einschätzen.
Zeigen Sie, welche Bedenken Hedwig vorträgt und wie Tell diese zu entkräften sucht.

▶ **3** Wie passt Tells Geschichte von der Begegnung mit dem Landvogt in diesen Zusammenhang?

▶ **4** Im ersten Teil der Szene ist die Axt ein wichtiges Requisit. Welche Bedeutung messen Sie ihr bei?

▶ **5** Der Alpenjäger ist auch einer der drei Figuren, die ganz zu Beginn des Schauspiels ihren Auftritt haben.
Untersuchen Sie das Bild, das der Alpenjäger dort (SBB, S. 11 25–36) von sich und seiner Lebensweise zeichnet, und vergleichen Sie diese Zeilen mit dem Lied Walthers.

▶ **6** Diskutieren Sie die folgende These:

Dass Tell von Beruf Jäger, nicht Handwerker oder Bauer ist, charakterisiert ihn von Anfang an als den wagemutigen, aus einer anderen Zeit herüberragenden Abenteurer, der zwar nicht zum Rat, dafür umso mehr zur Tat taugt und dessen kriegerischer Sinn durch seine Beschäftigung ausgebildet wurde.

Gerd Üding: Wilhelm Tell. In: Schillers Dramen. Interpretationen. Hrsg. v. Walter Hinderer. Stuttgart: Reclam 1992, S. 403

Tell, der Jäger

Die Szene III, 1 zeigt Tell vor seinem Haus, zusammen mit seiner Frau und seinen beiden Söhnen. Was zunächst wie eine Familienidylle wirkt, wird durch die Sorgen, die sich Hedwig über Tells Leben als Jäger macht, getrübt.

▶ **1** Der Liedtext zeichnet ein ungebrochen positives Bild des Jägers, er entspricht der Bewunderung, die Walther seinem Vater Tell entgegenbringt. In Strophe 1 erscheint die Waffe als Wahrzeichen des Jägers, er ist der Schütze, der im Gebirge und im Tal unterwegs ist. Die 2. Strophe hebt dann das freie Leben hervor, der Vergleich mit dem Weih als dem König im „Reich der Lüfte" (Z. 1471) steigert dieses Bild von Freiheit und Unabhängigkeit noch. Dem entspricht das Recht Beute zu machen und in Besitz zu nehmen, wovon die 3. Strophe spricht. Die einfache, eingängige Melodie von Anselm Weber mit ihrem Refrain bringt auf ihre Weise die Sorglosigkeit zum Ausdruck und schafft einen Kontrast zu den folgenden Gedanken Hedwigs.

▶ **2** Hedwig sieht vor allem die Gefahren, die dem Jäger im Hochgebirge drohen und die sie von den Erzählungen der Knechte kennt. (Tell spricht natürlich nicht davon!) Tell hält dagegen, dass körperliche Geschicklichkeit und Gottvertrauen ihn gegen solche Gefahren schützen. In Hedwigs Augen ist allerdings das, was Tell Gottvertrauen nennt, eher eine Art Gott zu versuchen und herauszufordern.

▶ **3** Die Geschichte von der Begegnung mit dem Landvogt auf einem einsamen Gebirgspfad zeigt einmal mehr, dass Tell kein Mann des Nachdenkens ist. Was diese Begegnung für den Landvogt bedeutet, erkennt Hedwig sofort. Ihre Bedenken, der Vogt könne sich rächen wollen, wischt Tell wiederum leichtfertig beiseite.

▶ **4** Dass Schiller Tell ausgerechnet mit einer Axt hantieren lässt, erscheint nach der Eingangsszene und der Geschichte von dem Mord am Burgvogt mehr als auffällig. Was in dieser Szene dem Menschen als Handwerkszeug dient, mit dem er sein Haus herrichtet, kann eben auch zur tödlichen Waffe werden, wenn die häusliche Sphäre verletzt wird.

▶ **5** Das Lied des Alpenjägers (SBB, S. 11$_{25-36}$) hebt den Jäger deutlicher aus dem Bereich der zivilisierten Welt heraus. Wo er sich bewegt, hören Jahreszeiten und Vegetation auf; die bewohnte Welt, die „Städte der Menschen" (S. 11$_{32}$) liegen tief unter ihm. Der für Walthers Lied zentrale Aspekt des freien, ungebundenen Lebens wird nicht direkt angesprochen.

▶ **6** Gerd Üdings These bringt noch einmal auf den Punkt, was im Verlauf der Aufgaben schon deutlich wurde: Tell ist in einem existenziellen Sinn Jäger. Er könnte weder Bauer noch Handwerker sein, weil dies nicht zu seinem Wesen passt. Die Art und Weise, wie er lebt, prägt sein Denken und Verhalten. Dazu gehören Mut, Kraft und Geschick, Vertrauen in die eigenen Fähigkeiten und die Bereitschaft das Schicksal in die eigene Hand zu nehmen, selbst zu handeln anstatt auf die Hilfe anderer zu bauen. Mit der Einsamkeit des Jägers hängt die mangelnde Fähigkeit zur Kommunikation mit anderen zusammen. Deshalb fehlt er auch beim Rütlischwur. Sich mit anderen zu beraten, was geschehen soll, ist seine Sache nicht. Andererseits gilt sein Versprechen dabei zu sein, wenn man ihn braucht. Entwicklungsgeschichtlich geht die Lebensform des Jägers (und Sammlers) der Sesshaftigkeit des Ackerbauern und Viehzüchters voraus. Deshalb sieht Üding in Tell noch den „aus einer anderen Zeit herüberragenden Abenteurer".

10

Tell, der Meisterschütze

Ähnlich wie in der Tell-Sage spielt die Apfelschuss-Szene auch in Schillers Schauspiel eine besondere Rolle.
Der Kupferstecher Johann Heinrich Ramberg greift aus dieser Szene eine ganz bestimmte Stelle heraus.

▶ **1** Ordnen Sie den dargestellten Moment in den szenischen Zusammenhang ein und erläutern Sie seine Bedeutung.

▶ **2** Beschreiben Sie den Aufbau dieser Darstellung. Was will der Künstler Ihrer Meinung nach besonders hervorheben?

„Erlasset mir den Schuss! Hier ist mein Herz!"
(Kupferstich von Johann Heinrich Ramberg, 1815)

▶ **3** Die Zeitspanne zwischen der Entscheidung zu schießen und dem Schuss selbst dehnt Schiller durch den Disput zwischen Gessler und Rudenz. Welche Argumente bringt Ulrich von Rudenz vor?
Kommentieren Sie diese Versuche den Landvogt von seinem Vorhaben abzubringen.

▶ **4** Wie reagieren die Umstehenden auf Tells Meisterschuss?

▶ **5** Dem Auftritt Gesslers gehen mehrere Szenenteile voraus:
– das Gespräch zwischen Friesshardt und Leuthold,
– das Gespräch zwischen Tell und seinem Sohn,
– Reaktionen der Bevölkerung auf den Versuch Tell gefangen zu nehmen.
Welche Funktion haben diese Abschnitte im Rahmen der Szene?

▶ **6** Vergleichen Sie die Darstellung Schillers mit der entsprechenden Passage aus Tschudis *Chronicon Helveticum*, seiner Quelle (vgl. SBB, S. 190 f.). Was übernimmt Schiller und was ändert er? Was erreicht er durch diese Änderungen?

Tell, der Meisterschütze

Die Apfelschuss-Szene gehört in allen Überlieferungen der Tell-Sage zum Kern der Geschichte. Tell ist somit von Anfang an derjenige, der mit seiner Waffe meisterhaft umgehen kann.

▶ **1/2** Die Darstellung Rambergs bezieht sich auf Vers 1985, SBB, S. 82. Es ist der letzte Versuch Tells das Ansinnen des Landvogts abzuwehren und den Bogen auf seinen eigenen Sohn zu richten. Im Unterschied zur Vorlage (vgl. SBB, S. 190) verdeutlicht Schiller damit den inneren Konflikt, in dem sich Tell als Vater befindet. Obwohl er bereits die Armbrust gespannt und den Pfeil eingelegt hat, lässt er nach der kurzen Einlassung Stauffachers die Waffe noch einmal sinken und bietet sich Gessler als Opfer an.

Ramberg stellt Tell mit entblößter Brust in die Bildmitte. Die Darstellung betont weniger die Kraft des Helden als dessen Verzweiflung und Ratlosigkeit. Die linke Bildhälfte wird beherrscht von Gessler, der behäbig-verschlagen auf dem Pferd sitzt und seine Macht auskostet. Diese Macht wird repräsentiert durch die vielen Hellebarden, die im Bildhintergrund zu sehen sind. Im Vordergrund, vor allem rechts, finden sich Beobachter der Szene, die die Hände ringen oder sich von dem Geschehen abwenden und die Augen verhüllen.
Die Darstellungsabsicht ist recht klar: Es geht darum, Tell als unschuldiges Opfer von Macht und Verfolgung darzustellen.

▶ **3** Auf den ersten Blick mag es überraschen, dass Schiller die Aufmerksamkeit der Beteiligten und damit auch das Publikum von Tell und seinem Schuss ablenkt. Andererseits ist der Schuss ohnehin nicht darstellbar; es genügt, wenn der Erfolg festgestellt wird.
Rudenz versucht in mehreren Schritten, Gessler zum Einhalt zu bewegen. Er appelliert zunächst an dessen Einsicht und unterstellt, das Ganze sei nur eine Prüfung. Danach

werden die Argumente gewichtiger: Gessler missbrauche seine Stellung, das sei nicht der Wille des Königs. Als auch das nichts fruchtet, steigert sich Rudenz in eine offene Anklage. Vor aller Augen bekennt er die eigenen Fehler und sieht sich selbst als Opfer falscher Hoffnungen und Versprechungen. Dass der Konflikt weiter eskaliert, verhindert letztlich nur Tells Schuss.

▶ **4** Die Reaktionen der Umstehenden auf Tells Schuss schwanken zwischen Erstaunen und Bewunderung. So reagiert selbst Gessler. Leuthold und Rudolph der Harras, beide selbst waffenerfahrene Leute, sehen schon voraus, dass die Nachwelt von diesem Meisterschuss noch lange reden wird. Nur Rösselmanns Äußerung fällt aus dem Rahmen: Er prophezeit dem Verursacher die Strafe Gottes.

▶ **5** Friesshardt und Leuthold repräsentieren die Sicht der kleinen Leute, die im Dienst der Mächtigen stehen und kritisch bis skeptisch beurteilen, was sie da im Namen ihres Herrn betreiben. Im Gespräch mit seinem Sohn Walther zeigt Tell sich als welterfahrener Mann, der die feudalen Machtverhältnisse, die in anderen Ländern herrschen, sehr wohl vergleichen kann mit den eigenen Lebensbedingungen in Freiheit und Unabhängigkeit. Wo man nicht Herr über Grund und Boden ist, wo man weder

jagen noch fischen darf und dem Nachbarn nicht traut, dort, so lernt Walther, lohnt das Leben nicht. Die Reaktionen der Menschen auf den Versuch, Tell gefangen zu nehmen, steigern sich bis zur offenen Gewaltandrohung. Während Walther Fürst noch gütlich den Konflikt regeln und Bürgschaft leisten will, wendet sich Melchthal an die übrigen Landleute und will die Verhaftung mit Gewalt verhindern. Auch hier zeigt sich, dass eine Bereitschaft zur Auflehnung bereits vorhanden ist.

▶ **6** Schiller folgt im Kern der Handlung seiner Quelle. Er übernimmt die Sache mit dem Hut, den Streit mit Gessler und den Apfelschuss. Allerdings verlegt er den Konflikt in die Öffentlichkeit und damit werden die Menschen Zeugen dessen, was geschieht. Auf diese Weise gewinnt

der Konflikt sofort eine andere Dimension. Wichtig ist auch, dass die beiden Adligen Bertha und Rudenz sich aus dem Gefolge Gesslers lösen und die Tat Gesslers auf diese Weise sehr viel deutlicher als politisch und moralisch verwerflich dargelegt wird.

12

Tell – Held oder Mörder?

Die Hohle Gasse ist eine weitere spektakuläre Szene in Schillers Drama. Es überrascht nicht, dass auch dieses dramatische Geschehen viele Künstler reizte.

Ernst Ludwig Kirchner: Die Hohle Gasse (Holzschnitt, 1927)

▶ **1** Untersuchen Sie Aufbau und Gestaltungsmittel das Holzschnitts von Ernst Ludwig Kirchner. Welcher Moment der Szene ist dargestellt? Welchen Gesamteindruck vermittelt die Darstellung?

▶ **2** Tells langer Eingangsmonolog ist der Rechtfertigungsversuch seiner Entscheidung Gessler zu töten. Welche Argumente führt er an und wie beurteilen Sie deren Plausibilität?

▶ **3** Schon Iffland, der den *Tell* in Berlin inszenierte, kritisierte die Länge dieses Monologs. Untersuchen Sie die im Kommentarteil wiedergegebenen Bedenken und Schillers Überlegungen dazu (SBB, S. 157–159).

▶ **4** Eine für den Schulgebrauch gekürzte Ausgabe des Schauspiels übernimmt von dem Monolog nur die ersten drei Strophen. Wie beurteilen Sie eine solche Kürzung?

▶ **5** Vor der Tat geschehen noch einige merkwürdige Dinge: Ein Hochzeitszug bevölkert die Bühne, eine Mutter mit ihren Kindern stellt sich dem Landvogt in den Weg. In welcher Beziehung stehen diese Vorgänge zu der Tat Tells?

Tell – Held oder Mörder?

Dass Tell den Landvogt in der Hohlen Gasse bei Küssnacht erschießt, das berichtet schon die Sage. Allerdings vermerkt diese nur den Vorgang und enthält sich jeglicher Bewertung.

▶ **1** Der Holzschnitt von Ernst Ludwig Kirchner konzentriert sich ganz auf den Schützen Tell und den tödlich getroffenen Landvogt. Tell hat mit der Armbrust sein Ziel noch im Visier, während das Opfer schon im Moment des nahen Todes dargestellt ist. Die Hände des einen an der Waffe, die des andern am Zügel des Pferdes bzw. den in der Brust steckenden Pfeil umklammernd bilden eine Linie, die diagonal von links unten nach rechts oben führt und jeweils durch die Köpfe der beiden begrenzt wird. Gesslers Pferd, bedrohlich, aber auch erschreckt, prescht nach vorn, unter sich Armgard und ihre Kinder, während sich links oben im Bildhintergrund zwei Beobachter auf den sterbenden Landvogt konzentrieren. Auf diese Weise wird das Geschehen dicht zusammengedrängt, das, was die Dramenszene in einem langen Nacheinander entfaltet, in eine Art Momentaufnahme verdichtet.

▶ **2** Während die Sage den Tyrannenmord nüchtern mitteilt, ist Schiller bemüht den Gewissenskonflikt, in dem Tell sich befindet, zu verdeutlichen. Auf diese Weise wandelt sich der bislang eher wortkarg wirkende Tell plötzlich in einen nachdenklichen, sich selbst und seine Absichten reflektierenden Menschen. Das Ungeheuerliche der beabsichtigten Tat ist ihm durchaus bewusst, von „Mord" ist sogar überraschend oft die Rede. Deutlich wird erst jetzt, dass der Entschluss, Gessler zu töten, schon unmittelbar vor dem Schuss auf den Apfel fiel. Tell weiß, dass er Frau und Kinder vor der Rache des Landvogts schützen muss, er fühlt sich im Recht und er weiß, dass nur er selbst diese Aufgabe wahrnehmen kann.

Natürlich fällt es schwer, Tells Rechtsbewusstsein aus heutiger Perspektive nachzuvollziehen. Schon Schillers Zeitgenossen hatten in dieser Hinsicht Bedenken. Allerdings muss beachtet werden, dass es für Tell keine andere Instanz gibt, wo er Recht finden könnte. Der, der von Amts wegen dafür zuständig wäre, also Gessler, hat ihn ja gerade in diese Situation gebracht.

▶ **3** Ob dieser lange Monolog Tells zu seiner Rolle im Schauspiel passt, war schon eine Frage, die Iffland kritisch gegenüber Schiller vorbrachte. In seinem Brief (SBB, S. 157f.) formuliert er diese Einwände sehr vorsichtig, im Grunde beruft sich der Theaterpraktiker lediglich auf sein Gefühl, Tell dürfe vor dem Mord nicht so lange „mit sich [...] reden". Offenbar befürchtet Iffland einen Verlust dramatischer Spannung. Schiller antwortet darauf zwar bestimmt, aber auch wenig argumentativ. Der Monolog sei „das Beste im ganzen Stück" und habe bei der Weimarer Aufführung große Wirkung beim Publikum gehabt.

▶ **4** Diese Kürzung findet sich in der von D. Lübke herausgegebenen Ausgabe des *Tell* in der Reihe „einfach klassisch" (Cornelsen Verlag 2003, BN: 609391). Für diese Kürzung spricht, dass die entscheidenden Argumente gesagt sind und die Tat selbst sich bruchlos anschließt. Vielleicht sind manche der folgenden Strophen auch nur schwer nachvollziehbar, wenn etwa Tell in Strophe 5 seine Waffe anspricht oder wenn er abschließend die anstehende Tat in Zusammenhang bringt mit dem Jäger, der „auf ein edles Wild" lauert. Allerdings geht, wie könnte es auch anders sein, manches verloren, wenn man derart kürzt. Die im Original folgende Strophe 4 enthält z. B. den wichtigen Gedanken, dass Gessler seine eigentliche Aufgabe, im Namen des Kaisers Recht zu sprechen, missachtet.

▶ **5** Den Hochzeitszug kommentiert D. Altenburg unter dem Aspekt der Verwendung von Musik in Schillers Schauspiel (vgl. Kopiervorlage 20). Tell selbst konstatiert nur den Widerspruch zwischen dem heiter-fröhlichen Fest und der Ernsthaftigkeit seines eigenen Plans. Armgard und ihre Kinder, die sich Gessler in den Weg stellen, verstärken dagegen das negative Bild vom herzlosen Tyrannen, der sich auch durch die Mutter mit ihren Kindern nicht erweichen lässt. Und wieder geht es um den zentralen Aspekt der Rechtsprechung.

14

Schlimme Geschichten

> AUSRUFER Ihr sehet diesen Hut, Männer von Uri!
> Aufrichten wird man ihn auf hoher Säule,
> Mitten in Altdorf, an dem höchsten Ort,
> 395 Und dieses ist des Landvogts Will und Meinung:
> Dem Hut soll gleiche Ehre wie ihm selbst geschehn,
> Man soll ihn mit gebognem Knie und mit
> Entblößtem Haupt verehren – Daran will
> Der König die Gehorsamen erkennen.
> 400 Verfallen ist mit seinem Leib und Gut
> Dem Könige, wer das Gebot verachtet.
> *das Volk lacht laut auf, die Trommel wird gerührt, sie*
> *gehen vorüber*
>
> SBB, S. 25$_{392-401}$

Die Schweizer eint das Bewusstsein, Opfer der gewaltsamen Unterdrückung durch die Landvögte zu sein.
Nun – nach den jüngsten und schlimmsten Taten – ist das Maß voll …

▶ **1** Ordnen Sie diese Verse in den Zusammenhang der Szene I,3 ein.

▶ **2** Charakterisieren Sie die Forderung des Landvogts als Gewaltmaßnahme.

▶ **3** Wie deuten Sie die Reaktion des Volks auf diese Ankündigung?

▶ **4** Es gibt Gewaltmaßnahmen, über die im Drama nur berichtet wird, andere ereignen sich auf offener Bühne.
Stellen Sie aus dem 1. Aufzug entsprechende Beispiele zusammen und vergleichen Sie sie in ihrer Auswirkung auf die
Bevölkerung.

▶ **5** Stauffacher, Melchthal und Walther Fürst kommen in der Szene I,4 zu der Einsicht, dass das Maß der Unterdrückung voll ist und ein gewaltsamer Widerstand organisiert werden muss.
Welche Maßnahmen beschließen die drei?

▶ **6** Erläutern Sie den Schwur, den die drei Männer sprechen (SBB, S. 37$_{738-743}$).
Auf welche Formulierungen kommt es in Ihren Augen besonders an?

▶ **7** Die Schweizer sehen durch die politische Macht der Landvögte ihre angestammten Rechte auf ein Leben in Freiheit
bedroht. Sie berufen sich dabei auf alte verbriefte Rechte.
Vergleichen Sie die Hinweise zum geschichtlichen Hintergrund (S. 147 ff.) und klären Sie die Bedeutung dieser so genannten Freiheitsbriefe.

Schlimme Geschichten

„Die Sache der Schweizer" – diese Überschrift fasst den zweiten wichtigen Handlungsstrang in Schillers Schauspiel zusammen. Es geht zunächst um ihre Rolle als Opfer von Gewalt und Verfolgung durch die Vögte. Das Aufstellen des Hutes in Altdorf ist nicht die erste Willkürmaßnahme in Schillers Schauspiel, aber eine der folgenreichsten.

▶ **1–3** Die Verse unterbrechen einen Dialog zwischen Tell und Stauffacher, die in Altdorf mit ansehen müssen, wie die Zwingburg errichtet wird. Noch versucht Tell sich der Gewalt zu entziehen, indem er sich von ihr fern hält.
Es handelt sich um eine besonders subtile Form der Gewaltanwendung. Es geht darum, Gehorsam zu erzwingen. Immerhin sind die angedrohten Strafen drakonisch: Wer gegen das Gebot verstößt, soll mit dem Tod bestraft werden und sein Hab und Gut an den König verlieren.

Wieder einmal sind es Weiber und Kinder, die dem Ausrufer folgen und durch ihr Gelächter den Vorgang kommentieren. Aber auch die Frondienst verrichtenden Arbeiter missverstehen den Aufzug zunächst als eine Form von Mummenschanz und Fastnachtstreiben. Erst als sie die Botschaft vernommen haben, erkennen sie den Hintersinn und versuchen sich abzustimmen, wie sie damit umgehen wollen.

▶ **4** Zwei Berichte über gewalttätige Übergriffe der Landvögte gegen Baumgarten und Melchthal sind zunächst die handlungsauslösenden Ereignisse im ersten Aufzug. Stauffachers Bericht über die Begegnung mit Gessler vor seinem Haus (SBB, S. $18_{217\,ff.}$) zeigt ergänzend, wohin diese Übergriffe zielen. Die auf ihrem Land frei und unabhängig wirtschaftenden Bauern sind den Vögten ein Dorn im Auge. Ihre Stellung und ihr sozialer Rang sollen

untergraben werden. Direkt in Szene gesetzt werden die Gewaltmaßnahmen der Landenbergischen Reiter (am Ende der ersten Szene) und die Fronarbeiten bzw. das Aufstellen des Gessler-Huts (in Szene I,3). Die Wirkung dieser Maßnahmen ist überall gleich. Die Untaten sprechen sich rasch herum und die Bereitschaft zum Widerstand wächst.

▶ **5/6** Entscheidend ist, dass die drei Männer einen *gemeinsamen* Widerstand organisieren wollen. Sie beschließen, in Uri, Unterwalden und Schwytz Freunde und Bundesgenossen anzusprechen und für die gemeinsame Sache zu gewinnen. Dann soll eine Zusammenkunft auf dem Rütli geplant und das weitere Vorgehen abgestimmt

werden. Die Schwurformel (S. $37_{738-743}$) zeigt, dass es um ein Schutz- und Trutzbündnis geht. Gleich gesinnte Männer, „redlich, ohne Falsch" (S. 37_{741}) schließen sich zusammen in einer Situation, in der sie sich anders kein Recht verschaffen können.

▶ **7** Die historischen Vorgänge, die zur Entstehung der Schweiz führten, sind recht komplex. In Kapitel 3 des Kommentars werden die Ereignisse von 1231 (Freiheitsrecht für Uri) bis zum Schweizer Sieg gegen die Habsburger in der Schlacht bei Sempach (1386) etwas genauer dargestellt (S. 147–150). Die in Pergamenten verbrieften Freiheitsurkunden, von denen schon Gertrud im Gespräch mit ihrem Mann spricht, dokumentieren den

Rechtsstatus der Reichsunmittelbarkeit, d. h. die hier lebenden Menschen fühlen sich lediglich als Untertanen des deutschen Königs bzw. Kaisers. Der Konflikt gegen die Habsburger, die sich als wachsende Territorialmacht die angrenzenden Regionen mit dem wirtschaftlich wichtigen Pass über den Gotthard einverleiben wollen, steht im Zentrum dieser Ereignisse.

16

Der Schwur der Verschwörer

Lovis Corinth: Rütlischwur (Kreidelithografie, 1923)

Die Rütli-Szene ist eine weitere Kernszene in Schillers Drama. Im Schwur der Verschwörer wird nicht nur vereinbart, was geschehen soll. Es wird auch deutlich, wie das zukünftige Leben in Freiheit aussehen soll.

Seit 1891 feiert die Schweiz am 1. August ihren Nationalfeiertag. Das Datum erinnert an den Schwur der Männer aus Uri, Schwytz und Unterwalden im Jahr 1291 mit dem Ziel die bestehende Ordnung und den Frieden im Innern gemeinsam zu verteidigen.

In der historischen Überlieferung wird aus diesem Bund der legendäre Rütli-Schwur. So bringt ihn auch Schiller auf die Bühne.

▶ **1** Zeigen Sie, wie Lovis Corinth mit dem Schwur-Motiv umgeht.
Was ist ihm wichtig? Welche Wirkung geht von seiner Darstellung der Szene aus?

▶ **2** Fassen Sie die Schwurformel (SBB, S. $62_{1449\,\text{ff}}$) mit eigenen Worten zusammen.
Vergleichen Sie diesen Schwur mit dem der drei Männer in Szene I, 4.

▶ **3** Stellen Sie die Beschlüsse zusammen, die die Schweizer in dieser Szene fassen, und ordnen Sie sie nach ihrer Bedeutung für das weitere Geschehen.

▶ **4** Ein geordnetes, demokratisches Verfahren prägt den Verlauf der nächtlichen Zusammenkunft.
Warum ist das den Beteiligten so wichtig?

▶ **5** Tells Fehlen wird von Baumgart zwar vermerkt, aber nicht weiter kommentiert.
Welche Erklärungen hätte Stauffacher dazu geben können?

▶ **6** Für das Bewusstsein, „ein einzig Volk von Brüdern" (S. 62_{1449}) zu sein, spielt die Erzählung Stauffachers vom echten Stamm der alten Schweizer eine wichtige Rolle.
Was haben die Schweizer – gemäß dieser Überlieferung – gemeinsam?

Der Schwur der Verschwörer

Es mag für Schülerinnen und Schüler heute überraschend sein, wie viel Zeit sich Schiller gönnt um diese wichtige Szene zu entwickeln. Ankunft, Beratung und Beschlussfassung, alles vollzieht sich in Ruhe – einer Besonnenheit, die in auffälligem Kontrast steht zum revolutionären Gehalt des Geschehens.

▶ **1** Corinth hält den Moment fest, in dem die Verschwörer die Rechte gegen den Himmel recken und im Angesicht der aufgehenden Sonne ihren Schwur leisten. Das Halbrund der Männer ist zum Vordergrund rechts geöffnet, lediglich der vorn in Rückenansicht gezeigte Mann ist in seinen Konturen klar erkennbar, die übrigen gehen auf in der Gruppe aller. Die Rütli-Wiese wie auch die Berge im Hintergrund werden nur skizzenhaft angedeutet. Was hier geschieht, ist den Betrachtenden bekannt.

▶ **2** Der Schwur, den die Männer hier leisten, enthält drei Kernpunkte: Man will fortan ein „einzig Volk von Brüdern" (SBB, S. 62$_{1449}$) sein und man will leben in Freiheit und im Vertrauen auf den „höchsten Gott"(S. 62$_{1453}$). Das erinnert deutlich an die Losung der Französischen Revolution. Gleichheit und Brüderlichkeit sind in der Wendung „ein einzig Volk von Brüdern" enthalten, die Freiheit wird unmittelbar darauf gefordert. Neu bzw. anders ist das dritte Element, das Vertrauen auf Gott, das von Schiller bewusst hinzugefügt wird. Die neue Ordnung, die hier konstituiert wird, ist eine Rechtsordnung, die sich als Teil einer übergeordneten göttlichen Weltordnung versteht.

▶ **3/4** Der erste Beschluss richtet sich gegen die Habsburger: Es soll keine Anerkennung der österreichischen Oberhoheit geben (S. 57$_{1304\,ff.}$). Dann wird der Vorschlag, eine weitere Gesandtschaft zum König zu senden, verworfen. Wie der Bericht Konrad Hunns (S. 58$_{1325-1349}$) zeigt, ist von dieser Seite keine Hilfe zu erwarten. Jetzt kann es nur noch Selbsthilfe geben. Die alten Rechtsabhängigkeiten sollen bleiben, aber die Vögte verjagt und die Schlösser eingenommen werden. Der nächste Beschluss gilt dem Termin: Die Aktionen sollen bis Weihnachten verschoben werden. Bevor diese Beschlüsse getroffen werden, lassen sich die Versammelten viel Zeit für Vereinbarungen, die dem Verfahren gelten. Man will „tagen nach der alten Sitte" (S. 51$_{1118}$) und regelt und verteilt in diesem Sinne die Aufgaben und den Vorsitz der Versammlung. Gerade weil die Eidgenossen an die alte Rechtsordnung anknüpfen wollen, ist ihnen dieses Verfahren so wichtig. Es geht nicht um Umsturz, sondern um die Konstitution einer neuen Ordnung.

▶ **5** Dass Tells Fehlen nur von Baumgart vermerkt, sonst aber nicht weiter kommentiert wird, ist auffällig. Stauffacher hätte es leicht erklären können. Tell ist kein Mann solcher Beratungen, wenn es ernst wird, will er sich dagegen nicht verweigern.

▶ **6** Dass die Eidgenossen eine gemeinsame Geschichte haben, die sich erzählen lässt (vgl. S. 53$_{1167\,ff.}$), ist für die Identitätsbildung ein wichtiger Aspekt. Man hat die alte Heimat verlassen müssen, ist kämpfend von Norden nach Süden gezogen und hat sich schließlich in einem kaum besiedelten Land niedergelassen und sich dieses Land in harter Arbeit erworben. Auch wenn sich danach viele andere Stämme in dieser Region angesiedelt haben, bleibt die Blutsbande dieser Gemeinsamkeit bestehen.

Vom Recht auf Widerstand

> STAUFFACHER
> [...]
> Nein, eine Grenze hat Tyrannenmacht,
> Wenn der Gedrückte nirgends Recht kann finden,
> Wenn unerträglich wird die Last – greift er
> Hinauf getrosten Mutes in den Himmel,
> 1280 Und holt herunter seine ewgen Rechte,
> Die droben hangen unveräußerlich
> Und unzerbrechlich wie die Sterne selbst –
> Der alte Urstand der Natur kehrt wieder,
> Wo Mensch dem Menschen gegenüber steht –
> 1285 Zum letzten Mittel, wenn kein andres mehr
> Verfangen will, ist ihm das Schwert gegeben –
> Der Güter höchstes dürfen wir verteid'gen
> Gegen Gewalt – Wir stehn vor unser Land,
> Wir stehn vor unsre Weiber, unsre Kinder!
>
> *SBB, S. 56$_{1276–1289}$*

Ob es ein Recht auf Widerstand gebe und unter welchen Bedingungen auch gewaltsamer Widerstand erlaubt sei, das war eine Frage, die im Verlauf der Französischen Revolution immer aktueller geworden war. Umso erstaunlicher, wie klar und entschieden Schiller die Schweizer Eidgenossen dieses Recht einfordern lässt.

▶ 1 Ordnen Sie die obigen Verse in den Zusammenhang der Rütli-Szene ein.

▶ 2 Erläutern Sie, unter welchen Umständen Stauffacher gewaltsamen Widerstand für legitim hält.

▶ 3 Gewaltsamen Widerstand praktizieren im Verlauf des Stückes einmal Baumgarten und zum andern Melchthal. Vergleichen Sie diese beiden Beispiele und versuchen Sie sie aus der Sicht Stauffachers zu kommentieren.

▶ 4 Eine besonders interessante Figur unter den Schweizern ist der junge Melchthal. Untersuchen Sie die Rolle, die er in der Rütli-Szene spielt. Ziehen Sie zum Vergleich auch andere Szenen heran, in denen Melchthal auftritt.

▶ 5 Wie denken Sie über die folgende Einschätzung der Rolle Melchthals in Schillers Stück:

> Was die privaten Racheakte betrifft: Die spannendste Figur ist in diesem Zusammenhang wohl Melchthal, der immer allein losziehen will – und die anderen müssen ihn immer wieder zurückbinden. Dieser Mentalität – „Ich will den totschlagen, der meinem Vater die Augen ausgestochen hat" –, die sicher auch diejenige Baumgartens ist, wird das Gesetz gegenübergestellt: bei der Staatsgründung auf dem Rütli. Dort wird ja beschlossen: „Wir schlagen die Vögte nicht tot, sondern schicken sie weg." Schiller entwickelt eine Dramaturgie mit zwei Spiegeln. Er stellt zwei verschiedene Haltungen einander gegenüber, die sich ineinander spiegeln. Wahrscheinlich muss sogar die direkte Tätermentalität verschärft werden, damit man auch die andere sieht, die des rechtlichen Staates. Man darf nicht vergessen: Es gibt keine Richter, kein Gericht in diesem Stück.
>
> *Peter von Matt im Gespräch mit Katharina Mommsen in Weimar am 21. 10. 2003.*
> *In: Barbara Piatti: Tells Theater. Basel: Schwabe 2004, S. 117*

Vom Recht auf Widerstand

Unter den auf dem Rütli versammelten Männern kommt Stauffacher eine besondere Bedeutung zu. Er hat zwar nicht den Vorsitz, aber die entscheidenden Redebeiträge stammen von ihm.

▶ **1/2** Die wiedergegebenen Verse umfassen den Kern der Rede Stauffachers: Es gibt ein Recht zum Widerstand gegen Tyrannenmacht, und zwar dann, wenn andere Rechtswege nicht mehr möglich sind. Stauffacher hat zuvor die Geschichten vom mythischen Ursprung der „Schwytzer Männer" in Erinnerung gerufen, dann hat er dargelegt, wie sie, „der alten Schweizer echter Stamm", ihre Freiheiten bewahrt haben gegen alle Versuche diese Rechte zu beeinträchtigen. Mit rhetorischem Geschick weiß er die Zuhörer in seinen Bann zu ziehen. Dann kommt – nach einer wirkungsvollen Pause und *eine[r] großen Bewegung unter den Landleuten*, wie die Regieanweisung vermerkt, – das Fazit seiner Überlegungen: Gewaltsamer Widerstand ist legitim, wenn die Unterdrückung sich gegen Land, Frauen und Kinder richtet und wenn sonst alle Wege, sich Recht zu verschaffen, versperrt sind.

▶ **3** Die Tat Baumgartens ist ungleich gravierender. Er erschlägt den Landvogt brutal und vorsätzlich mit der Axt. Es ist erstaunlich, dass diese Tat von allen, die davon hören, gebilligt und hingenommen wird. Nicht minder erstaunlich ist, dass die Obrigkeit nicht mehr tut um die Tat zu sühnen. Im Vergleich dazu hat die Tat des jungen Melchthal nicht nur weniger Gewicht – er verletzt ja lediglich den Knecht seines Landvogts und dies, nachdem ihm sein bestes Gespann geraubt wird, – sie erfolgt auch im Affekt. Stauffacher kann rechtlich beide Taten nicht billigen. Es darf aus seiner Sicht bei der Anwendung des Widerstandsrechts nicht um bloße Rache gehen. Das hält er Melchthal schon zu Beginn der Verhandlung auf dem Rütli vor (SBB, S. $47_{993\,f.}$). Auch Baumgarten handelt nicht im Rahmen einer Rechtsordnung; ob das, was er tut, legitim ist, wird gar nicht hinterfragt, sondern einfach vorausgesetzt.

▶ **4** Der junge Melchthal ist der Erste, der mit seiner Gruppe die Rütli-Wiese erreicht. „Nur frisch mir nach" – diese Aufforderung ist charakteristisch für sein Verhalten. Er ist der mutige Draufgänger unter den Eidgenossen. Allerdings hat er schon gelernt seine eigenen Bedürfnisse auf Rache und Vergeltung um der gemeinsamen Sache willen zurückzunehmen. Er hat, das muss auch Stauffacher anerkennen, in der zurückliegenden Zeit viel unternommen und viel erreicht um Bundesgenossen für den bevorstehenden Kampf zu gewinnen. Als Pilger verkleidet hat er sich sogar Zugang zur Burg zu Sarnen verschafft um zu erkunden, wie sie sich einnehmen lässt. Und einen Weg, wie die Festung Roßberg in einer nächtlichen Aktion besetzt werden kann, kennt er auch schon. Er will diese Aufgabe selbst mit einigen Freunden übernehmen.

▶ **5** Peter von Matt gibt mit seinen Überlegungen noch einmal Anlass die Rolle des jungen Melchthal im Zusammenhang zu durchdenken. Der Hinweis auf die „privaten Racheakte" gleich zu Beginn ist hilfreich, weil der Unterschied zu dem, was auf der Rütli-Wiese gemeinsam und als Gesetz für alle vereinbart wird, sofort deutlich hervortritt. Handeln aus Rache und damit zugleich aus niedrigen, wenn auch verständlichen Beweggründen ist das eine, Handeln nach dem Gesetz ist das andere. Insofern wäre der Weg, den Melchthal im Verlauf des Stückes geht, besonders interessant bzw. „spannend", wie Peter von Matt meint. Seine erste Reaktion auf das Verbrechen an seinem Vater ist die Gedanke an Rache und „blutige Vergeltung" (S. 33_{617}). Erst nach und nach wird er fähig die eigenen Bedürfnisse zurückzustellen und sich in den Dienst der gemeinsamen Sache zu begeben.

Die Frauen der Eidgenossen

> GERTRUD Mein lieber Herr und Ehewirt! Magst du
> Ein redlich Wort von deinem Weib vernehmen?
> 240 Des edeln Ibergs Tochter rühm ich mich,
> Des viel erfahrnen Mann's. Wir Schwestern saßen,
> Die Wolle spinnend, in den langen Nächten,
> Wenn bei dem Vater sich des Volkes Häupter
> Versammelten, die Pergamente lasen
> 245 Der alten Kaiser, und des Landes Wohl
> Bedachten in vernünftigem Gespräch.
> Aufmerkend hört' ich da manch kluges Wort,
> Was der Verständge denkt, der Gute wünscht,
> Und still im Herzen hab ich mir's bewahrt.
> 250 So höre denn und acht' auf meine Rede,
> [...]
>
> *SBB, S. 19₂₃₈₋₂₅₀*

Schillers *Tell* spielt zwar in einer von Männern dominierten Welt.
Dennoch lohnt ein Blick auf die Frauen und ihre Rolle im Kampf um die Freiheit.

▶ **1** Welche Rolle spielt Gertrud im Gespräch mit ihrem Mann in Szene I,2?

▶ **2** Welches Bild vermittelt dieser kurze Ausschnitt von Stauffachers Frau?

▶ **3** Frauen sind unter den Personen im *Tell* eindeutig in der Minderzahl.
Namentlich genannt werden im Personenverzeichnis nur:
– die Bäuerinnen Armgard, Elsbeth, Hildegard und Mechthild sowie
– Gertrud, die Gattin Stauffachers,
– Hedwig, die Gattin Tells, und
– Bertha von Brunek, eine reiche Erbin.
Zeigen Sie, in welchen Szenen Frauen auftreten.
Vervollständigen Sie dazu die folgende Aufstellung und markieren Sie die Bedeutung des jeweiligen Auftritts nach
folgenden Kategorien: sehr wichtig /wichtig /weniger wichtig.

Name	Szene	Einschätzung
Armgard	IV,3	_____
Elsbeth, Hildegard, Mechthild	III,3	_____
Gertrud	_____	_____
Hedwig	_____	_____
Bertha von Brunek	_____	_____

▶ **4** Gertrud und Hedwig lassen sich in ihrer Rolle als Gattin und Frau vergleichen.
Diese beiden unterscheiden sich wiederum deutlich von Armgard.

▶ **5** Bertha von Brunek spielt eine Sonderrolle.
Worin unterscheidet sie sich von den übrigen Frauen, die hier genannt sind?

Die Frauen der Eidgenossen

Männer bestimmen zwar den politischen Kampf um die Freiheit, aber Schiller lässt keinen Zweifel daran, dass es um die Freiheit der Menschen geht, also um Männer, Frauen und Kinder. Er hat deshalb deutlicher als seine Vorlagen auch Frauen in die Handlung integriert. Baumgartens Frau und die Stauffacherin übernimmt Schiller aus seiner Quelle, Tschudis *Chronicon Helveticum*, die übrigen Frauenfiguren sind entweder völlig neu geschaffen oder aber, wie Hedwig und Bertha von Brunek, aus einer jüngeren Bearbeitung des Stoffes übernommen und neu gezeichnet.

▶ **1/2** Gertrud hat ihren großen Auftritt in der Szene I,2. Hier zeichnet sie zunächst ein anschauliches Bild vom Leben eines freien Bauern, der es an Wohlstand und Unabhängigkeit durchaus mit einem Adligen aufnehmen kann. Genau das ist es aber, was ihren Mann bedrückt. Der Landvogt will nicht, dass die Bauern so leben, dass sie Häuser bauen und sich wie Herren aufführen. Erst kürzlich bei einer Begegnung vor dem Haus Stauffachers hat der Landvogt ihm offen gedroht. Stauffacher weiß um die politischen Ziele der Vögte und dass damit auch die eigene Freiheit, so wie bisher zu leben und zu arbeiten, in Frage gestellt ist. In dieser Situation gelingt es Gertrud, ihren Mann wieder aufzurichten und ihm den Weg zu zeigen, den er gehen muss.

Man darf sich durch die sehr unterwürfig klingende Anrede nicht täuschen lassen: Gertrud ist ihrem Ehemann durchaus ebenbürtig. Sie stammt, wie sie selbst betont, aus angesehenem Hause, sie ist klug und informiert und durchaus in der Lage ihrem Mann Rat zu erteilen. Das schließt andererseits nicht aus, dass sie im Umgang mit ihrem Ehemann die Formen wahrt, wie es Sitte ist und wie sie es im Hause ihrer Eltern, so darf man vermuten, auch gelernt hat.
Der weitere Verlauf der Szene zeigt dann jedoch eine Bewusstheit und Radikalität des Denkens, die Stauffacher selbst überrascht und die er bestürzt zur Kenntnis nimmt.

▶ **3**

Tafelbild		
Name	Szene	(mögliche) Einschätzung
Armgard	IV,3	sehr wichtig
Elsbeth, Hildegard, Mechthild	III,3	wichtig/weniger wichtig
Gertrud	I,2	wichtig/sehr wichtig
Hedwig	III,1; IV,2; V,2	wichtig
Bertha von Brunek	III,2; III,3; V,3	sehr wichtig

Natürlich hängt die Einschätzung, wie wichtig und bedeutsam die Frauenfiguren sind, jeweils von einem Gesamtverständnis des Stückes ab und kann entsprechend schwanken. Für Hedwig und Bertha, die beiden Frauen, die in mehreren Szenen auftreten, könnte zudem nach der Wichtigkeit ihrer Auftritte in den unterschiedlichen Szenen differenziert werden. Wie auch immer: Schiller hat Möglichkeiten gesucht und gefunden den Frauen in diesem Stück Stimme und Gewicht zu geben.

▶ **4** Der Vergleich zwischen Gertrud und Hedwig zeigt zunächst, dass beide aus angesehenem Haus stammen und in ihrer Statusrolle als Frau eines freien und ebenso angesehenen Mannes vergleichbar sind. Allerdings füllen sie ihre Rolle als Ehefrau (Hedwig ist zudem Mutter) unterschiedlich aus. Die Stauffacherin treibt ihren Mann zu politischer Tat, während Hedwig vor allem bemüht ist, dass Tell nicht zu viele Risiken eingeht. Armgard dagegen, auch Ehefrau und Mutter, stammt aus einfacheren sozialen Verhältnissen.

▶ **5** Bertha von Brunek, die aufgeklärte Adlige, ist unverheiratet, als Erbin mehrerer Güter geht es auch für sie um die Frage, ob sie sich in die Abhängigkeit der Habsburger begibt oder ob sie als Herrin ihres Grund und Bodens in Freiheit leben will.

Landleute und Eidgenossen

Ruodi, der Fischer *Kuoni, der Hirte* *Melchthal*

Kostüme für die „Tell"-Aufführung am Königlichen Nationaltheater in Berlin (1804)

Schillers *Tell* ist ein ungewöhnlich personenreiches Stück. Mehr als 40 namentlich genannte Akteurinnen und Akteure führt das Personenverzeichnis auf. Dabei steht die Gruppe der Landleute im Vordergrund.

▶ **1** Schiller ordnet die Landleute im Personenverzeichnis nach der Region, der sie entstammen.
Versuchen Sie eine Ordnung nach der Bedeutung im Rahmen der Handlung.

▶ **2** „Landleute" sind zunächst all jene, die auf dem Land leben. In der 1. Szene werden drei von ihnen vorgestellt: ein Fischer, ein Hirte, ein Jäger. Was erfährt man in dieser Szene über die Lebensumstände dieser Menschen?

▶ **3** Über den sozialen Rang sagt der Begriff „Landleute" noch nichts aus. Zeigen Sie am Beispiel Kuonis (SBB, S. $12_{51f.}$ bzw. S. $38_{765 ff.}$), was es für ihn bedeutet, als Knecht des Freiherrn von Attinghausen zu leben und zu arbeiten.

▶ **4** Andere Landleute leben so frei wie Wilhelm Tell, der Jäger, oder Werner Stauffacher, der Bauer.
Welche Freiheiten sind es, die diese beiden für sich in Anspruch nehmen?

▶ **5** In Freiheit zu leben heißt nicht „herrenlos" zu sein.
Umschreiben Sie mit eigenen Worten, wo z. B. Stauffacher die Grenzen seiner Freiheit sieht (S. $54_{1217 ff.}$).

▶ **6** Die Unterscheidung „frei (geboren)" oder „unfrei (geboren)" spielt auch in der Rütli-Szene (II,2) eine wichtige Rolle. Nennen Sie Beispiele für Personen, die als „eigne Leute" vorgestellt werden oder sich in Teilabhängigkeit von anderen Herren befinden. Welche Folgen hat das für ihre Mitwirkung am Rütli-Schwur?

Landleute und Eidgenossen

Im Personenverzeichnis, das Schiller seinem Drama voranstellt, spielt der Begriff „Landleute" eine besondere Rolle. Optisch herausgehoben werden die Gruppen der „Landleute" aus Schwytz, aus Uri und Unterwalden. Es sind – bis auf Tell – diejenigen Eidgenossen, die auch beim Rütli-Schwur namentlich in Erscheinung treten. Weitere „Landleute", diesmal als „Männer und Weiber aus den Waldstätten" zusammengefasst, werden ganz zum Schluss genannt.

▶ **1** Die Vielzahl der handelnden Personen in einem solchen Verzeichnis nach einem einheitlichen Kriterium zu ordnen ist nicht leicht. Beginnt man z. B. mit Gessler und Tell als den beiden Gegenspielern, dann fragt sich sofort, ob man nicht auch Tells Ehefrau und seine beiden Söhne hier bereits anführt. Wenn Attinghausen und Rudenz folgen, warum dann nicht auch Bertha von Brunek? Versucht man die Gruppe der Landleute entsprechend zu ordnen, dann ließen sich Stauffacher, Fürst und Melchthal aus gutem Grund an die Spitze stellen. Diese drei leisten schließlich den ersten Schwur und bestimmen auch die weitere Handlung der Verschwörer. Und Stauffachers Gattin? Müsste die dann auch sogleich mit oder nach ihrem Ehemann genannt werden? Es sind Fragen dieser Art, die auf ihre Weise Zugänge zu dem Drama eröffnen, auch wenn sie nicht eindeutig zu beantworten sind.

▶ **2/3** Der Fischerknabe, der Hirte, der Alpenjäger – diese drei Personen treten zu Beginn als Repräsentanten einer bestimmten Lebensweise auf: Man lebt von der Natur und in der Natur. Es ist eine Idylle der Bergwelt, in der die Menschen in Frieden und im Einklang mit der Natur leben. Auch wenn Gefahren drohen, wovon das Lied des Fischerknaben handelt oder die beiden Strophen des Alpenjägers, so sind es Gefahren, die von der Natur, nicht aber vom Menschen ausgehen. Was hier zunächst generell gilt, bestätigt sich im folgenden Teil der Szene (ab SBB, S. 11$_{37}$), in dem diese Menschen miteinander ins Gespräch kommen. Ein Gewitter zieht auf, Fischer, Hirte und Jäger wissen, was sie zu tun haben. Man kennt die Gefahren und kann sich darauf einstellen.

Kuoni, der Hirte, arbeitet für seinen Herrn, den Freiherrn von Attinghausen. Die Herde, die er jetzt, nachdem der Sommer vorbei ist, abtreibt, gehört nicht ihm, sondern seinem Dienstherren. Als Knecht erleben wir Kuoni auch zu Beginn der Szene II,1, wo er und sechs weitere Knechte zusammen mit dem alten Freiherrn den Frühtrunk einnehmen. Hier zeigt sich, dass das Herr-Knecht-Verhältnis noch nichts von jener sozialen Distanz aufweist, die für Gessler so wichtig ist. Kuoni bietet daher auch ohne falsche Bescheidenheit Rudenz an, aus dem gleichen Becher zu trinken.

▶ **4/5** Wilhelm Tell, der Jäger, darf mit der Waffe in der Hand seinem Beruf nachgehen. Schon das ist in den Augen Gesslers ein Privileg, das lediglich dem Adel zusteht. Der darf sich dann seine Jäger zwar als Dienstleute aussuchen und anstellen, aber dass ein Mann wie Tell allein und frei jagen darf, ist ein Relikt aus alter Zeit, das für Gessler keine Berechtigung mehr hat. Ähnlich gelagert ist sein Konflikt mit Stauffacher. Als freier Bauer hat dieser sich ein prächtiges Haus gebaut und führt ein Leben gleich einem Edelmann. Wenn er und seinesgleichen einen Herren über sich anerkennen, dann aus der Grundüberzeugung, dass ein Oberhaupt als „höchster Richter" sein muss, dass es also eine Instanz geben muss, die man bei Rechtsstreitigkeiten anrufen kann. Für diesen Rechtsbeistand leisten die Freien im Gegenzug den Waffendienst, wie es Stauffacher auf dem Rütli noch einmal betont (S. 54$_{1225}$).

▶ **6** Was beim Rütli-Schwur leicht übersehen werden kann, ist, dass sich unter den Verschwörern und Eidgenossen „Freie" und „Unfreie" befinden. Von Kuoni, der ebenfalls teilnimmt, war schon die Rede. Zwei Klosterleute werden von Melchthal als „eigne Leute" vorgestellt (S. 49$_{1081}$), mithin als leibeigene Bauern. Auch Ulrich der Schmidt, der als Ältester für den Vorsitz vorgeschlagen wird, darf diese Aufgabe nicht übernehmen, weil er „nicht freien Stands" ist (S. 52$_{1142}$). Andere, wie Meier, Jost von Weiler oder Rösselmann, verweisen darauf, dass sie auch Lehensträger sind, während Stauffacher noch einmal betont, dass er „keine Lehen als des Rechts" (S. 59$_{1366}$) trägt.

Bauernadel und Fürstenknecht

> RUDENZ Ja ich verberg' es nicht – in tiefer Seele
> Schmerzt mich der Spott der Fremdlinge, die uns
> 825 Den Bauernadel schelten – Nicht ertrag' ich's,
> Indes die edle Jugend rings umher
> Sich Ehre sammelt unter Habsburgs Fahnen,
> Auf meinem Erb' hier müßig still zu liegen,
> Und bei gemeinem Tagewerk den Lenz
> 830 Des Lebens zu verlieren [...]
>
> SBB, S. 40$_{823–830}$
>
>
> ATTINGHAUSEN
> [...]
> – Geh' hin, verkaufe deine freie Seele,
> 855 Nimm Land zu Lehen, werd' ein Fürstenknecht,
> Da du ein Selbstherr sein kannst und ein Fürst
> Auf deinem eignen Erb' und freien Boden.
> Ach Uly! Uly! Bleibe bei den Deinen!
> Geh' nicht nach Altdorf [...]
>
> SBB, S. 41$_{854–859}$

Von den Landleuten und Eidgenossen zeichnet Schiller ein differenziertes Bild. Das gilt ähnlich für die Gruppe der Adligen.

Im Konflikt zwischen Attinghausen und seinem Neffen Ulrich von Rudenz – zentrales Thema der Szene II,1 – prallen nicht nur Vorstellungen zweier Generationen aufeinander. Es geht primär um zwei Muster adliger Lebensweise: das des freien Landadels und das des Hofadels.

▶ **1** Es sind unterschiedliche Motive, die Rudenz von einem Leben am Hofe der Habsburger träumen lassen. Ordnen Sie die oben zitierte Stelle in den Zusammenhang seiner Ausführungen ein und differenzieren Sie zwischen persönlichen und politischen Motiven.

▶ **2** Der alte Attinghausen hält seinem Neffen wichtige Argumente entgegen. Fassen Sie diese Argumente zusammen.
Wer hat in Ihren Augen die besseren?

▶ **3** Wie lässt Schiller diesen Streit zum Ende kommen?
Welche Wirkung hat der Szenenschluss im Hinblick auf den Streit der Kontrahenten?

▶ **4** Auch Gessler ist ein Repräsentant des neuen Hofadels.
Was erfährt man über seinen bisherigen Werdegang?

Ulrich von Rudenz
Kostüm für die Aufführung am
Königlichen Nationaltheater in Berlin, 1804

Bauernadel und Fürstenknecht

Der großen Gruppe der Landleute stellt Schiller eine kleine Gruppe Adliger gegenüber, drei Männer und eine Frau. Ihre Rolle, die sie in dem dramatischen Konflikt spielen, könnte unterschiedlicher kaum sein.

▶ **1 Rudenz** ist der junge Adlige, der zu Beginn der Handlung den Anschluss an den Hof der Habsburger sucht. Er tut dies einmal aus persönlichen Gründen: Gesellschaftliches Ansehen, Ruhm und Anerkennung unter seinesgleichen, die persönliche Bewährung im Turnier oder im Kriegsdienst – all das hofft er dort zu finden. Dagegen verheißt ihm die Nachfolge als Erbe des Freiherrn von Attinghausen nur ein Leben, wie dieser es ihm vorgelebt hat, ohne besondere Abwechslungen. Rudenz nennt aber auch politische Gründe für diesen Schritt: In seinen Augen verkörpert Habsburg die „neue Zeit", an der wird nur teilnehmen, wer sich mit ihr arrangiert. Österreich hat seinen territorialen Besitz inzwischen so weit gefestigt und erweitert, dass die kleinen Waldstätte auf sich allein gestellt nicht überleben werden. In dieser Perspektive sind die Eidgenossen, die sich Österreich nicht beugen wollen, diejenigen, die dem Volk den richtigen Weg in die Zukunft versperren.

▶ **2** Der alte **Attinghausen** reagiert bestürzt auf diese Vorhaltungen seines Neffen. Für ihn sind das Gedanken der verblendeten Jugend, der die Heimat fremd geworden ist und die keinen Blick mehr hat für die Unterdrückung durch die Machthaber Österreichs. Was diese moderne Territorialherrschaft für die Betroffenen tatsächlich bedeutet, schildert er in SBB, S. $42_{897\,\text{ff.}}$: Man wird jedes Stück Vieh zählen, die Wiesen und Almen vermessen und dann die Steuern festlegen, man wird Brücken- und Wegezölle erheben, wo immer es sich anbietet, man wird die jungen Leute zum Kriegsdienst einziehen und mit ihnen Krieg in fremden Ländern führen …

Eine Bewertung dieser Argumente ist nicht leicht. Die historische Zukunft gehörte zweifellos den sich herausbildenden modernen Territorialmächten. Andererseits will Schiller gerade zeigen, dass sich diese Entwicklung in falschem Geist vollzieht, indem sie auf Unterdrückung und Unterwerfung aufbaut.

▶ **3** Der Schluss dieser Szene macht deutlich, dass Rudenz eine wesentliche Motivation seines Handelns verschwiegen hat: Es ist die Liebe zu Bertha von Brunek, die ihn ebenfalls oder erst eigentlich von zu Hause wegzieht. Damit relativieren sich natürlich seine Argumente und Beteuerungen, ohne dass sie damit gleich völlig ihre Bedeutung verlieren. Der alte Attinghausen hat Recht: Die alte Zeit ist vorbei, es wird eine neue kommen, allerdings wird dies nicht mehr die durch ihn verkörperte patriarchalische Ordnung sein. In dieser Szene dominiert noch das Bedauern darüber, dass diese alte Ordnung zu Ende geht. Kurz vor seinem Tod ändert sich jedoch diese Bewertung. Sterbend erkennt der alte Attinghausen, dass die neue Zeit durch „andere Kräfte", d.h. durch nichtadelige, bürgerliche Kräfte, bestimmt wird und so „das Herrliche der Menschheit sich erhalten" wird (S. $99_{2422\,\text{f.}}$).

▶ **4 Gessler** verkörpert einen neuen Typus des Hof- und Amtsadels. Als Landvogt in Schwytz und Uri von König Albrecht I. eingesetzt repräsentiert er einerseits das deutsche Reich, in dessen Namen er Recht sprechen soll, andererseits vertritt er die Interessen Habsburgs, in dessen Diensten er steht. Es sind auffälligerweise die Frauen, die die Besonderheiten dieser Position realistisch einschätzen. So weist Gertrud (S. $20_{267\,\text{ff.}}$) darauf hin, dass Gessler als Zweitgeborener seines Geschlechts selbst keine Besitztümer hat, nun muss das Amt den fehlenden Status ersetzen. Auch Bertha hat den Weitblick zu erkennen, dass es den Habsburgern darum geht, die reiche Erbin an sich zu binden, eine Eheschließung wäre dafür ein geeignetes Mittel, vorausgesetzt, der Ehemann ist den Habsburgern treu ergeben.

Bertha von Brunek

1. Auftritt I,3	Ganz kurzer Auftritt „mit Gefolge". Beim Bau der Zwingburg hat es einen Toten gegeben und Bertha
2. Auftritt II,1	Merkwürdige Liebeserklärungen: Zuerst gesteht Rudenz Bertha seine Liebe und muss erkennen, dass Dann erklärt sie, dass nur Rudenz sie retten kann:
3. Auftritt III,3	Im *Gefolge* Gesslers versucht Bertha den eskalierenden Streit zwischen Rudenz und dem Landvogt zu schlichten.

Bertha von Brunek, die reiche Erbin, gehört ebenfalls zur Gruppe der Adligen im *Tell*.
Ihre Rolle ist in mehrfacher Hinsicht ungewöhnlich und auffällig.

▶ **1** In vier Szenen tritt Bertha auf.
Stellen Sie diese Szenen in der Übersicht zusammen und klären Sie kurz die Handlungszusammenhänge.

▶ **2** Vergleichen Sie zusammenfassend die Auftritte Berthas in diesen Szenen.
Welche halten Sie für auffällig und ungewöhnlich, welche nicht?

26

Bertha von Brunek

Schiller hat diese Figur nicht erfunden. Sie findet sich, wie im Kommentar vermerkt (SBB, S. 180), schon in Ambuehls Drama *Der Schweizerbund*. Aber er hat ihr in seinem *Tell* ein solches Gewicht gegeben, dass es lohnt, ihre verschiedenen Auftritte im Zusammenhang zu untersuchen.

▶ 1

	Tafelbild
1. Auftritt I,3	*Ganz kurzer Auftritt „mit Gefolge". Beim Bau der Zwingburg hat es einen Toten gegeben und Bertha „stürzt herein". Sie ruft nach Hilfe, reißt sich ihr Geschmeide vom Hals und wirft es „unter das Volk". Der Meister missversteht diese Geste, so als wolle Bertha sich mit ihrem Gold freikaufen. Als der Fronvogt auf ihre Nachfrage bestätigt, dass der Schieferdecker tot ist, verwünscht sie den Bau dieser Burg.*
2. Auftritt III,2	*Merkwürdige Liebeserklärungen: Zuerst gesteht Rudenz Bertha seine Liebe und muss erkennen, dass er sich in seinen Erwartungen völlig getäuscht hat. Bertha hält ihm vor, das eigene Volk zu verraten und sich an Österreich zu verkaufen. Zwar liebt auch sie ihn, aber nur, wenn er aus dieser Verblendung herausfindet. Dann erklärt sie, dass nur Rudenz sie retten kann: Mit dem geerbten Besitz ist sie ebenfalls gefährdet und nur die Heirat mit einem freien Mann, der bereit ist, den gemeinsamen Besitz zu verteidigen, garantiert ihr eine Chance für ein freies Leben in der Zukunft. Am Ende der Szene finden die beiden dann zusammen und Bertha rät Rudenz sich in Zukunft klar und eindeutig an die Spitze seines Volkes zu stellen.*
3. Auftritt III,3	*Im Gefolge Gesslers versucht Bertha den eskalierenden Streit zwischen Rudenz und dem Landvogt zu schlichten. Dann, als Tell geschossen hat, richtet sie den schwankenden Walther Fürst wieder auf und stimmt in die allgemeine Dankbarkeit und Erleichterung ein, dass der Knabe unverletzt ist.*

▶ 2 Schon **der erste Auftritt Berthas** ist ungewöhnlich: Sie stürzt herbei und beweist eine spontane Bereitschaft zu helfen. Ebenso deutlich wird ihre Kritik an dem Bau der Burg und damit an der Politik Gesslers die Bevölkerung durch diesen Bau einzuschüchtern. Dieser Abschluss der Szene I,3 steht in deutlichem Kontrast zu dem vorangegangenen Gespräch zwischen Stauffacher und Tell. Während Tell dort die Zeit für ein gemeinsames Handeln noch nicht für gekommen hält, fordert die Willkürherrschaft des Landvogts gerade ein neues Opfer.
Noch ungewöhnlicher ist **Berthas Verhalten in Szene III,2**: Was zunächst ein erstes Eingeständnis ihrer Liebe erwarten lässt („Er folgt mir. Endlich kann ich mich erklären.", S. 68$_{1586}$), offenbart sich im weiteren Verlauf als eine Art Aufklärung über politische Zusammenhänge, die Rudenz in seiner Verblendung bislang übersehen hat. Hier wird die sonst übliche Rollenverteilung zwischen zwei Verliebten geradezu auf den Kopf gestellt. Das adlige Fräulein lässt nicht nur sehr ungewöhnliche politische Einstellungen erkennen, diese „an den Mann" zu bringen ist ihr zudem das wichtigere Anliegen. Am Ende der Szene ist sie eine ähnlich klare Ratgeberin wie zuvor Gertrud im Gespräch mit ihrem Mann.
Weniger auffällig ist **der dritte Auftritt Berthas** in Szene III,3. Allerdings unterstützt sie nicht ihren Geliebten gegen den Landvogt, sondern sie versucht ihn zurückzuhalten aus Furcht, dieser könne ihn mit seiner Unbesonnenheit nur noch weiter reizen.

Die freie Schweizerin dem freien Mann!

… und man sieht in der
Letzten Szene

den ganzen Talgrund vor Tells Wohnung, nebst den An-
höhen, welche ihn einschließen, mit Landleuten besetzt,
welche sich zu einem Ganzen gruppieren. Andere kommen
über einen hohen Steg, der über den Schächen führt, ge-
zogen. Walther Fürst mit den beiden Knaben, Melchthal
und Stauffacher kommen vorwärts, andre drängen nach;
wie Tell heraustritt, empfangen ihn alle mit lautem Froh-
locken.
ALLE Es lebe Tell! der Schütz und der Erretter!
indem sich die vordersten um den Tell drängen und ihn
umarmen, erscheinen noch Rudenz und Bertha, jener
die Landleute, diese die Hedwig umarmend. Die Musik
vom Berge begleitet diese stumme Szene. Wenn sie ge-
endigt, tritt Bertha in die Mitte des Volks.
BERTHA Landleute! Eidgenossen! Nehmt mich auf
In euern Bund, die erste Glückliche,
3285 Die Schutz gefunden in der Freiheit Land.
In eure tapfre Hand leg ich mein Recht,
Wollt ihr als eure Bürgerin mich schützen?
LANDLEUTE Das wollen wir mit Gut und Blut.
BERTHA   Wohlan!
So reich ich diesem Jüngling meine Rechte,
3290 Die freie Schweizerin dem freien Mann!
RUDENZ Und frei erklär' ich alle meine Knechte.
Indem die Musik von neuem rasch einfällt, fällt der Vor-
hang.

SBB, S. 134₃₂₈₂₋₃₂₉₁

Die letzte Szene des Schauspiels, kurz, aber dramatisch umso wirkungsvoller, führt noch einmal zu einem Auftritt der beiden Liebenden, Bertha und Rudenz, die nun – inmitten der Landleute und Eidgenossen – ihren Bund fürs Leben schließen.

▶ **1** Untersuchen Sie den Aufbau dieser Szene.
Welche Wirkung geht von ihm aus?

▶ **2** Kommentieren Sie Berthas kurze Ansprache an die Eidgenossen.
Was bedeutet dieser Schritt für ihr weiteres Leben?

▶ **3** Ihre Entscheidung für Rudenz verkündet Bertha hier in aller Öffentlichkeit. Warum tut sie das?

▶ **4** Das letzte Wort hat Rudenz. Was bedeutet diese Erklärung z. B. für Kuoni, einen seiner Knechte?

▶ **5** Betrachtet man den von Schiller so wirkungsvoll gestalteten Schluss des Schauspiels, dann ist es umso überraschender, dass Tell selbst nicht mehr zu Wort kommt.
Wie stellen Sie sich Tells Verhalten im Verlauf dieser Schlussszene vor?
Entwerfen Sie einige Regieanweisungen, die Auskunft darüber geben.

Die freie Schweizerin dem freien Mann!

Schillers *Tell* endet mit einem eindrucksvollen Schlussbild. Die Eidgenossen sind alle versammelt, sie feiern Tell und den errungenen Sieg. Das Schlusswort haben aber Bertha und Rudenz.

▶ **1** Bei aller Kürze ist die letzte Szene des Schauspiels besonders kunstvoll und theatralisch wirksam konzipiert. Es beginnt mit einer an den Film erinnernden Überblendungstechnik, indem die vorletzte Szene in die letzte überleitet. Viele Eidgenossen haben sich bereits versammelt, andere – Fürst, Melchthal und Stauffacher werden besonders genannt – kommen nach vorne, während Tell aus seinem Haus tritt. Ein vielstimmiges Hoch auf Tell, den sie als „Schütz und Erretter" feiern, eröffnet die Szene. Danach schließt sich wiederum eine „stumme Szene" an: Von der „Musik vom Berge begleitet" drängen sich im Vordergrund viele um Tell und umarmen ihn. In diesem Moment „erscheinen" auch Bertha und Rudenz. Sie integrieren sich sofort in die Gemeinschaft der Eidgenossen, indem Rudenz einige Landleute und Bertha Hedwig umarmt. Es ist eine idyllische Feier der Freiheit, die alte soziale Unterschiede nicht mehr kennt.

▶ **2/3** Berthas kurze Rede an das Volk wird durch zwei Hinweise in den Regieanweisungen schon besonders hervorgehoben: Die Musik setzt aus und Bertha tritt *in die Mitte des Volks*. Berthas Bitte ist klar: Sie möchte nunmehr auch formell aufgenommen werden in diesen Bund der Eidgenossen. Sie hat in einem doppelten Sinne Schutz gefunden. Einmal wurde sie aus der Hand Gesslers gerettet, zum andern hat sie jetzt die Sicherheit auf ihren ererbten Gütern frei leben zu können. Freiwillig begibt sie sich nunmehr in den Schutz der Eidgenossen, als Bürgerin erkennt sie deren Rechtsordnung ausdrücklich auch für sich selbst an. Selbst das Versprechen, Rudenz zu heiraten, gibt sie bewusst hier in der Öffentlichkeit. Es ist eine Erklärung der freien Schweizerin, die rechtskräftig wird dadurch, dass sie vor allen anderen freien Schweizern ausgesprochen wird.

▶ **4** Die Freisprechung, die Rudenz hier vornimmt, ist ebenfalls als Rechtsakt zu verstehen. Für Kuoni bedeutet dies zunächst, dass er persönlich unabhängig und damit rechtlich den freien Bauern gleichgestellt ist. Damit entfallen die in der Rütli-Szene noch erkennbaren Einschränkungen hinsichtlich der Wählbarkeit in bestimmte Ämter. Ob sich darüber hinaus in seinem Leben etwas ändert, bleibt offen, denn die Besitz- und Eigentumsverhältnisse bleiben ja unangetastet.

▶ **5** Schiller vermerkt nur, dass Tell aus dem Haus tritt und von vielen umarmt wird. Was aber tut er dann? Wie lässt er sich feiern? Welche Emotionen lässt er erkennen? Freut er sich über diesen Jubel oder ist ihm das Ganze eher peinlich? Treten Hedwig und die Söhne zu ihm, sodass die Familie eine Gruppe bildet, oder bleibt Tell deutlich sichtbar allein als der Einsame, der er im gesamten Stück war? Zieht er sich vor so viel Begeisterung zurück oder bleibt er stehen, wo er gerade ist? Es kommt hier vor allem darauf an, die Fragen zu sehen. Regieanweisungen für das stumme Spiel Tells können erst formuliert werden, wenn zusammen mit den Fragen auch das Spektrum an Spiel- und Inszenierungsmöglichkeiten gesehen wird. Im Blick auf diese Möglichkeiten bedeutet Inszenierung immer Entscheidung für eine bestimmte Variante, Festlegung also auf eine bestimmte Deutung, die auf ihre Plausibilität hin befragt werden kann. Klar ist so viel: Schiller hat Tell als aktiv Handelnden in dieser Schluss-Szene nicht gewollt. Vielleicht ist Tell ja hier bereits auf dem besten Weg zur Legende zu werden für die, die fortan die Geschicke des Landes bestimmen.

Arrangement der Volksszenen

Wilhelm Tell ist ein „Volksstück" besonderer Art: Der populäre Stoff garantiert schon viel Bühnenwirksamkeit. Anderseits verstärkt die besondere Form, die Schiller für dieses Schauspiel wählt, noch die Wirkung auf das Publikum. Es sind nicht zuletzt die Volksszenen, die – im Wechsel mit eher handlungsärmeren Szenen – dem Stück einen besonderen Charakter geben.

Szene	Was geschieht?	Welche Rolle spielt das Volk?
I,3	Bau der Zwingburg bei Altdorf	Fronarbeit für den Landvogt:
II,2	Rütli-Schwur:	
III,3		
IV,3		
V,1		
V,3		

▶ **1** Welche Szenen im *Tell* heben sich als Volksszenen hervor? Ergänzen Sie die Übersicht.

▶ **2** Die Rütli-Szene unterscheidet sich in einigen wichtigen Merkmalen von den übrigen, die in der Übersicht genannt sind. Welche Unterschiede sehen Sie und welche Bedeutung messen Sie dem bei?

▶ **3** Es fällt auf, dass Schiller wiederholt Frauen und Kinder nennt, auch von Aufruhr und Tumult ist die Rede. Sammeln Sie entsprechende Beispiele und fragen Sie nach der Bedeutung solcher Auftritte im Rahmen des szenischen Zusammenhangs.

▶ **4** Wie würden Sie den Begriff „Volk" umschreiben, der in den unterschiedlichen Szenen zum Ausdruck kommt?

Arrangement der Volksszenen

Dass es in diesem Drama Schillers eine ganze Reihe von Volksszenen gibt, kann beim ersten Lesen leicht übersehen werden. Sie sollen deshalb an dieser Stelle im Zusammenhang betrachtet und auf ihre besondere Funktion hin untersucht werden.

▶ 1

Tafelbild

Szene	Was geschieht?	Welche Rolle spielt das Volk?
I, 3	Bau der Zwingburg bei Altdorf	Fronarbeit für den Landvogt: Männer unterschiedlichen Alters arbeiten unter dem Befehl des Fronvogts. Dem Ausrufer und den Leuten, die den Hut auf der Stange tragen, folgen mit viel Lärm Weiber und Kinder.
II, 2	Rütli-Schwur: 33 Eidgenossen der Waldstätte Uri, Schwytz und Unterwalden versammeln sich auf der Rütli-Wiese und beraten, wie sie gegen die Unterdrückung vorgehen wollen.	Die drei Delegationen sind mit je elf Mitgliedern, ausschließlich Männern, besetzt. Die Teilnehmer sind von unterschiedlichem sozialen Rang, es gibt „Freie" und „Unfreie" unter ihnen.
III, 3	Tell wird von den Soldaten Gesslers gestellt und zum Apfelschuss gezwungen.	Die Szene „bevölkert" sich zunehmend mehr. Als Gessler mit seinem Gefolge erscheint, sind bereits 18 Akteure auf der Bühne – Frauen und Männer.
IV, 3	Tell erschießt Gessler. Den Vorgang verfolgen zunächst nur Tell und Stüssi, Armgard mit ihren Kindern, Friesshardt und Rudolf der Harras. *Volk stürzt herein* (S. 113, unten), als Tell verschwindet.	Nach dem Schuss droht der Konflikt zu eskalieren. Als Rudolf der Harras das Schwert zieht, fällt ihm Stüssi in den Arm und alle brechen *tumultuarisch* in den Ruf aus: „Das Land ist frei." Daraufhin ziehen die Männer Gesslers sich zurück.
V, 1	Abbruch der Veste Zwing Uri	Viele Landleute, *auch Weiber und Kinder,* sind beteiligt, Walther Fürst, Melchthal und Baumgarten kommen hinzu, später auch Kinder und Mädchen, die den Hut auf der Stange bringen, *die ganze Szene füllt sich mit Volk an* (S. 120 nach 2916).
V, 3	Man feiert Tell und die Rettung.	Alle Landleute zusammen mit Tell und seiner Familie sowie Bertha und Rudenz: die Sieger im Kampf um die Freiheit.

▶ 2/3 Die Rütli-Szene unterscheidet sich von den übrigen Volksszenen gerade dadurch, dass Tumult und Aufruhr fehlen. Die Ruhe und Besonnenheit, die die Beteiligten an den Tag legen, stehen in deutlichem Kontrast zum revolutionären Gehalt der Beschlüsse. Die Präsenz von Frauen und Kindern wird in den übrigen Szenen von Schiller immer wieder betont, von Aufruhr und Tumult ist mehrfach die Rede. Auf diese Weise wird der revolutionäre Gehalt des Geschehens wiederholt hervorgehoben.

▶ 4 „Volk" ist auch in diesem Drama ein schillernder Begriff. In den Volksszenen sind es die Menschen – Männer, Frauen, Kinder –, die in unterschiedlichen Momenten zu einem gemeinsamen Handeln finden. Beim Rütli-Schwur konstituiert sich dagegen eine Versammlung von Männern zu einem „Volk" der Eidgenossen. Diesen Begriff von Volk hat auch Bertha in der Schluss-Szene im Blick.

Wilhelm Tell – *revolutionäres Volkstheater?*

„Kommt! Reißt nieder."

Erstürmung der Bastille am 14. 7. 1789 (Gemälde eines unbekannten französischen Malers; Öl auf Leinwand)

Der 5. und letzte Akt des Schauspiels zeigt zunächst das Volk im Kampf gegen seine Unterdrücker.
Die Zerstörung der Zwingburg bei Altdorf verweist deutlich auf die Erstürmung der Bastille in Paris 1789.

Hier einige Informationen zur Erstürmung der Bastille:

> **Bastille**, 1368–82 erbaut, eine achttürmige Festung, seit Beginn des 17. Jahrhunderts auch als Staatsgefängnis genutzt.
> Am 14. 7. 1789 wurde die Bastille als Sinnbild von Tyrannei und Unterdrückung gestürmt und zerstört. Dabei kam es zu blutigen Übergriffen gegen die Besatzer, von denen einige ihr Leben ließen.
> In Frankreich wird der 14. Juli im Gedenken an dieses Ereignis als Nationalfeiertag begangen.

▶ **1** Untersuchen Sie die Szene V,1:
Wie stellt Schiller die Zerstörung der Veste Altdorf dar? Welche Personen sind beteiligt? Welche nicht?

▶ **2** Während im Hintergrund die Festung Uri zerstört wird, berichtet Melchthal von der Erstürmung der beiden Burgen Rossberg und Sarnen. Was erfährt man in diesem Bericht? Welche Fragen bleiben offen?

▶ **3** Wie stellen Sie sich das Nebeneinander der beiden Vorgänge auf der Bühne vor?

▶ **4** Aufschlussreich ist auch, wie die Schweizer mit dem Hut auf der Stange umgehen.
Mit welchen Mitteln hebt Schiller diesen Szenenabschnitt besonders hervor?

▶ **5** Vergleichen Sie die Vorgänge um die Erstürmung der Bastille in Paris mit den in dieser Szene gestalteten.

„Kommt! Reißt nieder."

Sympathie mit den Idealen, Kritik am Verlauf – auf diese kurze Formel lässt sich Schillers Haltung gegenüber der Französischen Revolution bringen. In dieser Hinsicht kann man den *Tell* durchaus als Schillers „Antwort" auf dieses Jahrhundertereignis lesen. Die Eidgenossen zeigen, wie man eine Revolution „richtig" macht.

Als Einstieg dient das bekannte zeitgenössische Gemälde, das den Moment der Übergabe der Bastille an die Aufständischen zeigt. Die Zusatzinformationen enthalten die für ein erstes Verständnis notwendigen Hinweise. Vertiefend können Darstellungen der Ereignisse in gängigen Geschichtslehrbüchern herangezogen werden, die zumeist auch anschauliche Schilderungen von Augenzeugen bieten.

▶ **1** Erneut kommt es Schiller darauf an, dass es viele Männer, Frauen und Kinder sind, die nach gemeinsamem Beschluss mit dem Abbruch der Zwingburg beginnen. Zwar verlagert sich dann das Geschehen auf den Vordergrund, wo Melchthal Walther Fürst von den zurückliegenden Ereignissen – dem Fall der Burgen Sarnen und Rossberg und der Rettung Berthas – berichtet, doch bleibt derweil zumindest hörbar, wie die Zwingburg abgerissen wird. Das alles vollzieht sich ohne Opfer, da der Bau noch nicht fertig war und es keinerlei Verteidiger gibt.

▶ **2** Was die Eroberung der beiden Burgen betrifft, so teilt Melchthal im Grunde nur das Ergebnis mit: Das Sarner Schloss wurde – offenbar unter der Führung des jungen Rudenz – „vom Feind geleert" und „freudig angezündet" (SBB, S. 118$_{2878}$). Ob es Kampfhandlungen und Opfer gegeben hat, bleibt offen. Um die Burg von Rossberg hatte sich zuvor Melchthal selbst gekümmert. In der Nacht zuvor hatte er sich – auf welchem Weg auch immer – Zugang zur Burg verschafft. Was dann geschah, bleibt unerwähnt. Das ganze Interesse richtet sich stattdessen auf die Frage, wie Bertha von Brunek aus den Flammen gerettet wurde.

▶ **3** Die Gleichzeitigkeit der beiden Vorgänge im Vordergrund und im Hintergrund stellen natürlich ein Inszenierungsproblem dar. Im heutigen Theater kann man sich viele Möglichkeiten vorstellen, wie die Zerstörung der Zwingburg ins Bild gesetzt wird, während im Vordergrund das Gespräch abläuft. Die Einspielung entsprechender Geräusche, eventuell auch eine Videoinstallation mit ergänzenden Bildern wären z. B. möglich.

▶ **4** Melchthal hat gerade seinen Bericht abgeschlossen, Kinder sind *mit Trümmern des Gerüstes über die Szene* gelaufen, man hört, wie das Horn von Uri *mit Macht geblasen* wird – in dieser Situation bringen Mädchen *den Hut auf einer Stange getragen, die ganze Szene füllt sich mit Volk*, wie Schiller in der Regieanweisung hervorhebt. Die Entscheidung, das alte Werkzeug der Tyrannei nun in das Symbol der Freiheit umzuwandeln, wird durch die malerische Gruppierung der Landleute *in einem großen Halbkreis* untermauert, die auf den Trümmern des abgerissenen Gerüstes sitzen.

▶ **5** Der entscheidende Unterschied ist rasch erfasst: Die Erstürmung der Bastille kennt bewaffnete Angreifer und Verteidiger. Es gibt nicht nur Tote und Verwundete, sondern auch Opfer, die nach der Übergabe der Festung noch an Ort und Stelle hingerichtet werden. Im Vergleich dazu ist der Sturm auf die Zwingburg von Altdorf ein eher symbolischer Akt.

Der Weg zu einer neuen Ordnung

WALTHER FÜRST [...] Vernehmt!
Es haben die drei Lande sich das Wort
Gegeben, die Tyrannen zu verjagen.
2400 Geschlossen ist der Bund, ein heilger Schwur
Verbindet uns. Es wird gehandelt werden,
Eh noch das Jahr den neuen Kreis beginnt,
Euer Staub wird ruhn in einem freien Lande.
[...]
ATTINGHAUSEN
Und sind die Edeln dieses Bunds teilhaftig?
2415 STAUFFACHER Wir harren ihres Beistands, wenn es gilt,
Jetzt aber hat der Landmann nur geschworen.
ATTINGHAUSEN *richtet sich langsam in die Höhe mit gro-*
ßem Erstaunen:
Hat sich der Landmann solcher Tat verwogen,
Aus eignem Mittel, ohne Hülf der Edeln,
Hat er der eignen Kraft soviel vertraut –
2420 Ja, dann bedarf es unserer nicht mehr,
Getröstet können wir zu Grabe steigen,
Es lebt n a c h uns – durch andre Kräfte will
Das Herrliche der Menschheit sich erhalten.
er legt seine Hand auf das Haupt des Kindes, das vor
ihm auf den Knien liegt
Aus diesem Haupte, wo der Apfel lag,
2425 Wird euch die neue beßre Freiheit grünen,
Das Alte stürzt, es ändert sich die Zeit,
Und neues Leben blüht aus den Ruinen.

SBB, S. 99₂₃₉₈–S. 100₂₄₂₇

Der Freiheitskampf der Schweizer war in den Augen Schillers ein Modell, nicht nur für den erfolgreichen Kampf eines Hirtenvolkes um Freiheit und Unabhängigkeit, sondern mehr noch für die Art und Weise, wie dieser Kampf zum Erfolg führte.

▶ **1** Den letzten Worten des alten Freiherrn von Attinghausen verleiht Schiller ein besonderes Gewicht. Wie verstehen Sie in diesem Zusammenhang die eingefügten Regieanweisungen?

▶ **2** Umschreiben und erläutern Sie die Vision einer neuen Zeit, die in den letzten Worten des sterbenden Attinghausen enthalten ist.

▶ **3** Das Zitat verweist auf die letzte Szene des Schauspiels, in der Bertha und Rudenz ihre Adelsprivilegien ablegen und sich durch eigenen Entschluss dem neuen Bund freier Bürger anschließen. Wie könnte Rudenz Kuoni und den anderen, die bislang für seinen Onkel gearbeitet haben, diesen Schritt verdeutlichen?

▶ **4** Der andere Weg, den die Schweizer Eidgenossen im Unterschied zu den Franzosen gehen, ist ein Weg der Mäßigung und des Bemühens auf Gewalt nach Möglichkeit zu verzichten. Zeigen Sie an einigen Beispielen, wo und wie dies in Schillers *Tell* zum Ausdruck kommt.

16

34

Der Weg zu einer neuen Ordnung

Dies war Schillers Überzeugung: Eine neue politische Ordnung war auf dem Weg, wie Frankreich ihn gegangen war, nicht zu erhoffen. Terror und Unterdrückung nach innen wie nach außen schafften nur neues Unrecht. „Die neue bessre Freiheit", von der der sterbende Attinghausen träumt, war so nicht zu realisieren.

▶ **1/2** Indem der sterbende Freiherr sich ein letztes Mal aufrichtet und *mit großem Erstaunen* spricht (SBB, S. 99$_{nach\ 2416}$), gewinnen die folgenden Verse noch an Gewicht. Seine abschließende Geste – er legt dem vor ihm knieenden Walther Tell die Hand aufs Haupt – verleiht seinen letzten Worten den Charakter einer Prophezeiung.

In diesen Worten des alten Attinghausen wird seine patriarchalische Grundüberzeugung noch einmal deutlich: In seinen Augen bilden Herr und Knecht, Landleute und Landadel eine große Familie. Die darin beschlossene soziale Ordnung funktioniert, solange sich der Edelmann seiner Verantwortung für die Untergebenen bewusst war und diese vorlebte, so wie Attinghausen das stets gegenüber seinen Knechten praktiziert hat. In diesem Denken ist die Vorstellung, dass die Untergebenen wie unmündige Kinder auf Hilfe von oben angewiesen sind, immer mit enthalten. Nun aber hat sich das Unerhörte ereignet, dass die vermeintlich Unmündigen aus der Vormundschaft herausgetreten sind und eigenständig und selbstverantwortlich gehandelt haben. In letzter Konsequenz bedeutet das, dass der Adel seine eigentliche Funktion verloren hat und abtreten kann. Es geht nicht nur eine alte Zeit zu Ende, sondern eine neue, bessere beginnt. Das „Herrliche der Menschheit" (S. 99$_{2423}$) wird weiterleben, weil die, die das Neue begonnen haben, ihrer Aufgabe gewachsen sind.

▶ **3** Vorstellbar ist durchaus, dass ein Mann wie Kuoni das, was sich für ihn und sein Leben geändert hat, gar nicht als gravierend ansieht. Natürlich wird er auch weiter für Rudenz arbeiten, so wie er es bislang für dessen Onkel tat. Andererseits: Er darf heiraten ohne vorab eine Erlaubnis einzuholen, er darf einen Hausstand gründen, er darf, wenn er es denn kann, Eigentum erwerben usw. Das heißt, er muss die in der Freisprechung enthaltenen bürgerlichen Freiheiten erkennen, damit er die neue auch als die bessere Freiheit wahrnimmt.

▶ **4** Schon der Rütli-Schwur macht deutlich, dass Rache als Motiv für das politische Handeln ausgeschlossen werden soll. Die Vereinbarungen zielen darauf, die Vögte zu verjagen, sie aus dem Land zu vertreiben, nicht aber ihnen ihr Leben zu nehmen. Das letzte Beispiel für diese Einstellung ist dem Bericht zu entnehmen, den Melchthal über das Schicksal des Landenberger vorträgt (S. 119$_{2903\ ff.}$). Der geblendete Vater schenkt dem, der ihm das Augenlicht geraubt hat, das Leben, und der Kommentar, den Walther Fürst dazu gibt („Wohl dem, dass ihr den reinen Sieg / Mit Blute nicht geschändet!", S. 120$_{2913}$), verdeutlicht das Anliegen Schillers noch einmal. Die Eidgenossen nehmen zwar ein Widerstandsrecht für sich in Anspruch, aber dieses Recht darf nur unter strengen Voraussetzungen angewandt werden. Vorab müssen alle anderen Rechtsmittel genutzt worden sein oder es muss klar sein, dass diese Rechtsmittel nicht genutzt werden können. Zudem darf Widerstand nur als eine gemeinsame Aktion aller zum Tragen kommen. Alle Einzelinteressen haben sich dem großen gemeinsamen Ziel unterzuordnen. In dieses Bild passt auch die Grundüberzeugung der Schweizer, dass sie eine alte Rechtsordnung wieder herstellen, anstatt diese aufzuheben und durch eine neue zu ersetzen.

Schiller – Stationen eines Lebenswegs

Friedrich Schiller (Stahlgravur, 1873)

Schillers Leben war nur kurz: Am 10. 11. 1759 in Marbach geboren stirbt er, 45 Jahre alt, am 9. 5. 1805 in Weimar.
Wie wird jemand, aus eher kleinen Verhältnissen stammend, zu einem der berühmtesten Dichter nicht nur seiner Zeit?

▶ **1** Auf vier Seiten fasst die Zeittafel im SBB, S. 137 ff. die Lebensdaten Schillers zusammen. Prüfen Sie diese Daten und stellen Sie die wesentlichen Stationen und Ereignisse in Schillers „Karriere" zusammen.

▶ **2** Was lässt die Zeittafel über die Anfänge der schriftstellerischen Laufbahn Schillers erkennen? Welche Zusatzinformationen brauchen Sie um dieser Frage genauer nachzugehen?

▶ **3** Die Jahre in der „Militär-Pflanzschule" des Herzogs Carl Eugen von Württemberg werden auch in der Zeittafel als zusammenhängender Lebensabschnitt herausgehoben.
Besorgen Sie sich eine Biografie Schillers, aus der Sie genauere Informationen über diese Jahre und ihre Bedeutung für ihn bekommen. Hier drei Lesetipps:
– Schiller. Bilder und Texte zu seinem Leben. Hrsg. v. Axel Gellhaus u. Norbert Oellers. Köln: Böhlau Verlag 1999
– Kurt Wölfel: Friedrich Schiller (dtv porträt). München 2004
– Friedrich Schiller. Dargestellt von Claudia Pilling, Diana Schilling und Mirjam Springer. Hamburg: Rowohlt (rowohlts monographien) 2002

Erhebung der Militärischen Pflanzschule (Akademie) in Stuttgart zur Hohen Karlsschule (Universität) (Zeichnung von Heideloff, 1782)

▶ **4** Politische Ereignisse werden in der Zeittafel kaum genannt. Eine Ausnahme bildet die Hinrichtung des französischen Königs Ludwig XVI. am 21.1.1793. Wie können Sie vorgehen um zu prüfen, ob dieses Ereignis zu Recht hier aufgenommen wurde?

▶ **5** Zwei besondere Ehrungen Schillers werden in der Zeittafel ebenfalls genannt: die Ernennung zum französischen Ehrenbürger durch die Nationalversammlung Frankreichs 1792 und die Verleihung des Adelsdiploms durch den Kaiser in Wien 1802. Sie wollen prüfen, was es mit diesen beiden Ereignissen auf sich hat und welche Bedeutung Schiller selbst ihnen zubilligte. Wie gehen Sie vor?

▶ **6** Der Kampf um die finanzielle Absicherung bleibt für Schiller die meiste Zeit seines Lebens ein dringliches Problem. Was erfahren Sie in der Zeittafel darüber?

▶ **7** Schiller und die Herzöge Carl Eugen von Württemberg und Carl August von Sachsen-Weimar-Eisenach:
Sammeln Sie Daten und Informationen über diese beiden Herzöge und Landesfürsten.
Zeigen Sie, welche Bedeutung die beiden im Leben Schillers spielen und welche Beziehung Schiller zu ihnen hatte.

Schiller – Stationen eines Lebenswegs

Der erste Vorschlag rückt die Biografie Schillers in den Blick. Die folgenden Aufgaben sind als Anregungen gedacht. Sie gehen von der Zeittafel im Kommentarteil aus und machen jeweils auf bestimmte Fragestellungen oder Ereignisse aufmerksam, die für Schülerinnen und Schüler interessant sind.

▶ **1/2** Am Ende seines Lebens ist Schiller einer der bekanntesten deutschen Dichter. Blickt man von dieser „Karriere" zurück auf den Lebensgang, dann lassen sich drei Abschnitte voneinander abgrenzen: Zunächst die Jahre 1780 bis 1785: Die frühen Dramen erscheinen, gleich das erste, *Die Räuber*, macht den jungen Autor bekannt und berühmt. Die Umstände seiner Entstehung, die Uraufführung, Schillers Flucht – hier bietet sich bereits genügend Stoff, der unter biografischen Aspekten aufgearbeitet werden kann. Die zweite Phase ist zugleich die letzte im Leben Schillers: die Weimarer Jahre mit den Uraufführungen seiner großen klassischen Dramen. Die Zeit dazwischen, mehr als ein Jahrzehnt, ist zunächst auffällig dadurch, dass Schillers Entwicklung als „Stückeschreiber" unterbrochen scheint. Die in der Zeittafel aufgeführten Werke aus dieser Zeit zeigen, dass Schiller jetzt andere Schwerpunkte setzt.

Kindheit, Schule und Studium – zunächst deutet nichts auf die besonderen Talente des jungen Schiller hin. In der Zeittafel werden zwar die wichtigen literarischen Werke des Sturm und Drang genannt, aber was haben sie für den jungen Schiller bedeutet? Sind es Anregungen selbst diesen Weg einzuschlagen? Zur Beantwortung dieser Fragen müssen sich die Schülerinnen und Schüler Zusatzinformationen aus Schiller-Biografien beschaffen. Dabei sind folgende Erkenntnisse wichtig: Schiller lernt in der Karlsschule auch die junge deutsche Literatur kennen und schätzen. Die für diese Generation wichtigen Aspekte wie Freiheit, Kampf gegen Unterdrückung und Willkür, die Shakespeare-Begeisterung, wirken auf die Karlsschüler, dies umso mehr, je stärker sie selbst in der Schule des Herzogs unter Drill und Kommando zu leiden haben.

▶ **3** Zu welchem Zweck gründet ein deutscher Fürst im 18. Jahrhundert eine Schule? Wie ist sie aufgebaut? Was wird unterrichtet? Wie sieht der Tagesablauf der „Zöglinge" aus? Welche Abschlüsse sind möglich? Wenn die Schülerinnen und Schüler sich mit dieser Schule beschäftigen, lernen sie ein in jeder Hinsicht ungewöhnliches

Schulmodell kennen, ein typisches Produkt des aufgeklärten Absolutismus in Deutschland.
(Zur Information geeignet: Kurt Wölfel: Friedrich Schiller (dtv porträt). München 2004)

▶ **4/5** Dass die Hinrichtung des französischen Königs vermerkt ist, hängt mit der Einstellung Schillers zur Französischen Revolution zusammen, die durch dieses Ereignis und den damit verbundenen blutigen Terror entscheidend beeinflusst wird. Die beiden „Ehrungen", die dem berühmten Autor widerfahren, gehören durchaus in diesen Zusammenhang, die erste direkt, zeigt sie

doch, welchen Ruf Schiller im revolutionären Frankreich besaß, die zweite ist Ausdruck seines gesellschaftlichen Aufstiegs.
(Weiterführende Informationen z.B. in: Schiller. Bilder und Texte zu seinem Leben. Hrsg. v. Axel Gellhaus und Norbert Oellers. Köln: Böhlau Verlag 1999)

▶ **6** Schiller hat bis auf die allerletzten Jahre seines Lebens immer mit finanziellen Schwierigkeiten zu kämpfen. Wie ein früh berühmter Autor als freier Schriftsteller in dieser Zeit lebte und überlebte, kann an diesem Beispiel gut untersucht werden.

▶ **7** Schiller und die Herzöge: Wie erlebt Schiller die politisch Mächtigen, mit denen er unmittelbar zu tun hat? Carl Eugen von Württemberg (1737–1793), sein oberster Dienst- und Landesherr, der die Kindheit und Jugend Schillers, dann Carl August von Sachsen-Weimar-Eisenach (1757–1828), der die letzte Lebensphase bestimmt.

Was sind das für Landesfürsten? Was bedeutet ihre lange Herrschaft für das Land und die Menschen? Welche Beziehung hatten sie zu Kunst und Kultur?
(Ausführliche Darstellung zu Herzog Carl Eugen von Württemberg in: Peter-André Alt: Schiller. Leben – Werk – Zeit. Bd. 1. München: Beck 2000)

38

Max Frisch: *Wilhelm Tell für die Schule*

Wilhelm Tell für die Schule, so nennt Max Frisch seine Darstellung der Vorgänge, die sich angeblich 1291 in der Schweiz zugetragen haben. Im Mittelpunkt steht nicht Tell, sondern dessen Opfer: ein jüngerer, dicklicher Ritter, wahrscheinlich Konrad von Tillenburg, aber der Name ist nicht sicher verbürgt. Im Dienst des Königs Rudolf von Habsburg und dessen Erben bereist er die Länder Schwyz, Uri und Unterwalden. Sein Ziel ist es, diese lästige Aufgabe möglichst rasch hinter sich zu bringen.

Max Frisch *Wilhelm Tell für die Schule*

Obschon die Untat sich nicht auf urnerischem Boden ereignet hatte, wußte jeder Urner davon, und wie Pfarrer Rösselmann sie zu berichten verstand, war der Bauer zu Altzellen natürlich im Recht, als er den habsburgischen Vogt, der splitternackt in einem Bottich saß und gerade sein verschwitztes Haar wusch, meuchlings mit einem Spaten erschlagen hatte. Ohne Zweifel war der dickliche Ritter entsetzt,

5 als er diese Geschichte von seinem Kollegen hörte, und schwieg vorerst … Beamte für diese Waldstätte zu finden, war eben schwierig; wer sich irgendwie auszeichnete, daher bei den Herrn von Habsburg in Gunst stand, so daß er einigermaßen einen Posten wünschen konnte, ging lieber nach Innsbruck oder Zürich, allenfalls nach Baden, nicht aber nach Sarnen oder Lowerz oder auf Rotzberg. Dieser Herr von Wolffenschießen, das wußte man damals in ritterlichen Kreisen, war zur Strafe nach Unterwalden

10 versetzt worden, weil er's mit den Pagen trieb. Es verwunderte daher den dicklichen Ritter, daß ausgerechnet dieser Wolffenschießen, in seiner Art ein liebenswürdiger Kollege, eine Unterwaldnerin habe verführen oder sogar vergewaltigen wollen. Ob es dafür, so erkundigte er sich vorsichtig bei Pfarrer Rösselmann, einen weiteren Zeugen gebe außer Gott. Denn er konnte es sich einfach nicht erklären. Auch dünkte es den dicklichen Ritter, wenn er sich die Untat vorzustellen suchte, rätselhaft, daß ein

15 Mann, der ein Weib will, sich selber entkleidet und dann im Bottich sitzt. Aber Pfarrer Rösselmann bestand darauf, als wäre er selber zugegen gewesen, und kein Urner zweifelte dran, daß es sich um versuchte Hurerei handelte, in Tateinheit mit Tyrannei; sonst hätte der Bauer von Altzellen, bekannt als frommer Mann, nicht zum Spaten gegriffen und dem badenden Vogt meuchlings den Schädel gespalten, was, wie Pfarrer Rösselmann durchblicken ließ, jederzeit wieder geschehen könnte … Er

20 war also gewarnt, der Vertreter von König Rudolfs Erben, von Christ zu Christ … Es gebe der habsburgischen Untaten mehr, sagte Pfarrer Rösselmann, als er spürte, daß der dickliche Ritter zwar erschüttert war, aber im stillen noch immer zweifelte, wer bei dem Vorkommnis im Recht war, es gebe der habsburgischen Untaten mehr. Ob er, Vertreter von König Rudolfs Erben, beispielsweise die Geschichte von dem ebenfalls braven und frommen Melchtal kenne? Er kannte sie nicht. Sollte Melchtal, der

25 Sohn, sich gefallen lassen, daß König Rudolfs Erben ihm die Ochsen vom Pflug spannten? Da wehrte er sich eben, wobei er einem Habsburger-Waffenknecht versehentlich den kleinen Finger brach. Was aber tat der Vogt darauf? Er wütete, er holte den greisen Vater und ließ ihm beide Augen ausstechen. Auch diese Geschichte, nicht minder schauerlich, berichtete Pfarrer Rösselmann, als wäre er zugegen gewesen, und es war nicht Zweifel, sondern Ausdruck des Entsetzens, als der dickliche Ritter sagte:

30 Ist das wahr? Er hielt die Hand vor seine eigenen Augen, so entsetzt war er, wie sehr diese Waldleute immer im Recht sind, und daran änderte es auch nichts, daß die Geschichte vom Melchtal schon damals, 1291, eine ziemlich alte Geschichte war.

Frankfurt a. M.: © Suhrkamp 1971, S. 26–28

▶ **1** Untersuchen Sie, wie Frisch diese Vorgänge der Tell-Geschichte darstellt und welche Wirkung er damit erreicht.

▶ **2** Max Frisch erzählt die Geschichte in vierzehn kleinen Kapiteln. Lesen Sie den gesamten Text, erstellen Sie eine Übersicht über die Szenenfolge und zeigen Sie, worin sich Frischs Darstellung von der Schillers unterscheidet.

18

Max Frisch: *Wilhelm Tell für die Schule*

Eine Lektüre von Max Frischs Fassung der Tell-Sage ist lohnend vor allem, wenn man weiß, wogegen sie sich richtet, und wenn man Schillers Drama kennt. 1970 schreibt Max Frisch diese Geschichte, seine Absicht ist klar: Der nationale Mythos von der Entstehung der Eidgenossenschaft, so wie sie an Schweizer Schulen vermittelt wurde und wird, soll demontiert werden.

▶ 2

Tafelbild

Kapitel	Zeitangaben	Was geschieht?
1	Sommer 1291	Als Vertreter von König Rudolfs Erben kommt Ritter von Tillendorf in die Schweiz und nach Altdorf.
2	am andern Morgen	Der Ritter schickt hinüber zu Attinghausen um seine Ankunft als Reichsvogt zu melden.
3		schlimme Tage: Ausritte in die Umgebung, Begegnung mit Walter Fürst
4		Pfarrer Rösselmann erzählt vom Schicksal des Herrn von Wolffenschießen und die Geschichte des „braven und frommen Melchtals".
5		erste Begegnung mit Wilhelm Tell und dessen Sohn in den Bergen
6	Juli	Es wird gemeldet, dass Stauffacher bei Attinghausen weilt.
7		Begegnung mit einem Kind
8	Ende Juli	ergebnislose Konferenz zu Attinghausen
9	1. August 1291	Ohne besondere Ereignisse. Der Reichsvogt will noch zwei Tage bleiben und die Zeremonie mit dem Hut auf der Stange hinter sich bringen.
10	(am nächsten Tag)	Dem Vogt wird gemeldet, Tell habe nicht den Hut gegrüßt. Apfelschuss und Verhaftung Tells
11	(am selben Tag)	Auf dem See: Von zwei Ruderern lässt sich der Reichsvogt nach Brunnen rudern. Tell hat er am Ufer zurückgelassen.
12	(am selben Tag)	Ankunft in Brunnen, Entscheidung dort zu übernachten
13	(einen Tag später)	In der Hohlen Gasse wird der Reichsvogt von Tells Pfeil getroffen.
14	eine Stunde später	Die Knechte kommen mit dem Karren. Der Vogt stirbt beim Transport.

Die Übersicht lässt bereits wesentliche Unterschiede zur Darstellung der Tellsage im Drama Schillers erkennen: Aus Gessler wird der Ritter Konrad von Tillendorf, der diese Gegend im Auftrag seiner Habsburger Herren bereist. Max Frisch zeichnet ihn als einen dicklichen, ständig unter Kopfschmerzen leidenden Mann, der nur ein Ziel hat: seinen Auftrag möglichst rasch zu Ende zu bringen und diese unwirtliche Gegend wieder zu verlassen. Die Menschen, die ihm hier begegnen, sind ihm fremd und nicht geheuer. Sie reden wenig und wollen offenbar nur eins: dass alles so bleibt, wie es einmal war. Einige Namen kommen zwar vor (Attinghausen, der Neffe Rudenz und Bertha von Brunek, Walter Fürst, Stauffacher, Rösselmann), aber die ganze Verschwörungsgeschichte mit dem Rütli-Schwur fehlt. Vor diesem Hintergrund wird Tells Apfelschuss mehr durch die Umstände als durch die Boshaftigkeit des Reichsvogts motiviert, der Mord in der Hohlen Gasse letztlich zu einer unerklärlichen Überreaktion des Schützen umfunktioniert. Der Tod des Ritters ist daher auch kein Fanal für den Freiheitskampf, sondern Schlusspunkt einer eher ungewöhnlichen, nur schwer zu rekonstruierenden Geschichte aus fremden, lange zurückliegenden Zeiten.

Die Wirkung, die Frisch mit seiner Demontage eines nationalen Mythos erreicht, wird noch verstärkt durch die Anmerkungen, die er den einzelnen Kapiteln zuordnet und die den Erzählfluss immer wieder unterbrechen. Zum Teil scheint es darum zu gehen, einzelne Feststellungen und Aussagen (wie in einem wissenschaftlichen Apparat) zu beglaubigen, zum Teil soll die Fragwürdigkeit der Überlieferung generell hervorgehoben werden, dann wiederum werden einige Spitzen gegen die Schweizer angemerkt. Insgesamt also ein Versuch die überlieferte Geschichte mit antierzählerischen Mitteln zu konterkarieren.

Wilhelm Tell und die Musik

Detlef Altenburg *Freiheit und Vaterland im „Wilhelm Tell"*

[...] Musik spielt erneut eine zentrale Rolle in der Schlüsselszene des *Wilhelm Tell*, in der dritten Szene des vierten Aufzugs, in der es zur Katastrophe kommt: Sie beginnt mit dem großen Monolog Tells („Durch diese hohle Gasse muß er kommen") und scheint zeitweilig in eine heitere Alpenidylle umzuschlagen, in der der Zuschauer den Hochzeitszug des Klostermeyer erlebt. Wir sehen den Hochzeits-
5 zug nicht nur, sondern wir hören ihn schon, bevor wir ihn sehen. Doch was zunächst als „tönendes Requisit" erscheint, erweist sich als Element einer außerordentlich wirkungsvollen Zweischichten-dramaturgie, die der Musik eine eigene kontrastierende Ebene zuweist:
Während sich der Konflikt mit Gessler zuspitzt, erklingt erneut von fern die heitere Musik des Hoch-zeitszuges: *Man hört die vorige Musik wieder, aber gedämpft* [SBB, S. 113$_{\text{nach 2774}}$]. Gedämpfte Bläsermusik
10 steht in der Oper seit eh und je für den Ausdruck der Trauer. Hier signalisiert sie dem Zuschauer den tragischen Ausgang der Handlung. Der Hochzeitszug mit seinem Bauernmarsch kommt schließlich in dem Moment wieder auf der Bühne an, in dem der Konflikt kulminiert und Gessler sein Leben aushaucht: *indem die vordersten von dem Brautzug auf die Szene kommen sind die hintersten noch auf der Höhe, und die Musik geht fort* [S. 114$_{\text{nach 2798}}$].
15 Zur heiteren Musik des Hochzeitszuges, der zunehmend die Bühne füllt, verblutet der Tyrann. Die Musik verrät gegen den Augenschein der äußeren Handlung, dass der letale Ausgang für die Menge, die das Bühnengeschehen beherrscht, für das Volk, kein Grund zur Trauer ist. In einem jähen Schnitt wird die Musik von Rudolph dem Harras zum Verstummen gebracht:
    „Rast dieses Volk,
20   Daß es dem Mord Musik macht? Laßt sie schweigen."   [S. 114$_{\text{2803 f.}}$]
Hier, nach dem Verstummen der Musik, bricht Schiller seine Zweischichtendramaturgie durch einen schroffen Kontrast: Mit einer erst während der Proben für die Weimarer Uraufführung ergänzten Trauermusik schließt Schiller den Aufzug, und zwar mit einem Chor der Barmherzigen Brüder, der das Vorbild der antiken Tragödie nicht verleugnen kann:
25   „Rasch tritt der Tod den Menschen an,
        Es ist ihm keine Frist gegeben,
      Es stürzt ihn mitten in der Bahn,
        Es reißt ihn fort vom vollen Leben,
      Bereitet oder nicht, zu gehen,
30   Er muß vor seinen Richter stehen!   [S. 116$_{\text{2834–2839}}$]
Es ist nicht zu übersehen, dass durch diesen sakralen Chor die Provokation des Tyrannenmords zu den Klängen des Bauernmarsches nur scheinbar gemildert wird. Hier wird kein Trauerchor angestimmt, sondern sentenzhaft die Unausweichlichkeit und Schicksalshaftigkeit des Todes besungen. Bei der dritten Weimarer Aufführung strich Schiller diesen Chor wieder. [...]

Das Parlament. 55. Jg. Nr. 13/14 v. 29.3.2005, S. 12

Es ist auffällig, dass Schiller an vielen und entscheidenden Stellen seines Tell-Schauspiels Gesänge oder Instrumental-musik vorgesehen hat.

▶ **1** Stellen Sie in einer Übersicht alle Beispiele zusammen, in denen Musik eingesetzt wird.

▶ **2** Fragen Sie nach der Bedeutung, die der Musik an dieser Stelle des Szenenverlaufs zukommt.
Wo können Sie entsprechende Noten bzw. Vertonungen finden? (Zum *Kuhreihen oder Kuhreigen* hilft schon ein grö-ßeres Nachschlagewerk oder das Internet. *Mit dem Pfeil, dem Bogen*, das Lied, das Tells Sohn Walther singt, findet sich in Volksliedbüchern. Darüber hinaus kann vielleicht die Musiklehrerin oder der Musiklehrer weiterhelfen.)

▶ **3** Andererseits gilt auch für den Einsatz von Musik das, was für Inszenierungen immer gilt: Vielleicht haben Sie ganz andere Vorstellungen, welche Musik bei einer Aufführung des Schauspiels eingesetzt werden könnte.

Wilhelm Tell und die Musik

Detlef Altenburg zeigt am Beispiel der Szene IV,3, welch wichtige Bedeutung Schiller der Musik im Verlauf des dramatischen Geschehens verleiht. Das ist nicht bloß „tönendes Requisit" (Z. 5), sondern bewusst eingesetztes Mittel der Dramaturgie. So ist der Kontrast zwischen der fröhlich-lebendigen Hochzeitsmusik und dem Tod Gess-lers ebenso gut nachvollziehbar wie der Kommentar des Chors der Barmherzigen Brüder. Das ist kein Trauerchor und auch kein Ausdruck des Entsetzens über den Tyrannenmord. Gesslers Tod – unausweichlich oder gar schicksalhaft? Man ahnt, warum Schiller diesen Chor bei der dritten Weimarer Aufführung wieder gestrichen hat.

▶ 1

Tafelbild

I,1: Fischerknabe, Hirte und Alpenjäger singen ihre Strophe, indem sie jeweils die Melodie des Kuhreigens variieren.

II,2: Zum Schluss der Szene mit dem Rütli-Schwur vermerkt Schiller: *Indem sie zu drei verschiedenen Seiten in größter Ruhe abgehen, fällt das Orchester mit einem prachtvollen Schwung ein, die leere Szene bleibt noch eine Zeitlang offen und zeigt das Schauspiel der aufgehenden Sonne über den Eisgebirgen.* (SBB, S. 62/63$_{nach 1466}$)

III,1: Die Szene beginnt mit Walthers Lied *Mit dem Pfeil, dem Bogen.*

IV,3: siehe oben

V,1: Während die Kinder mit dem Ruf „Freiheit! Freiheit!" über die Szene laufen, wird das Horn von Uri *mit Macht geblasen* (S. 120$_{2914}$).

V,2: Während Tell Parricida den Weg über den Gotthard nach Italien erklärt, hört man *Kuhreihen von vielen Alphörnern geblasen* (S. 133$_{nach 3271}$).

V,3: *Die Musik vom Berge begleitet diese stumme Szene* (S.134$_{nach 3282}$). Danach folgt der kurze dialogische Teil und zum Schluss heißt es in der Regieanweisung: *Indem die Musik von neuem rasch einfällt, fällt der Vorhang* (S. 134$_{nach 3291}$).

▶ **2/3** Man sieht an den Beispielen, dass die Verwendung von Musik sehr unterschiedliche Funktionen haben kann. Wenn lediglich Kuhglocken zu hören sind und dazu die Melodie des *Kuhreigens* erklingt, dann ist das kaum mehr als „tönendes Requisit", wenn dagegen „das Orchester mit prachtvollem Schwunge einfällt", wird der gerade abgeschlossene szenische Vorgang im Nachhinein mit zusätzlicher Bedeutung überhöht.

Wie Schiller sich Walthers Lied vorstellte, lässt sich noch am leichtesten ermitteln. Vielleicht ist das Volkslied ja bekannt, andernfalls lassen sich die Noten dazu in einer entsprechenden Sammlung leicht finden. So frei und unbeschwert könnte auch Tell leben, wenn es nicht andere Menschen gäbe, die ihm diese Freiheit missgönnten. Notenbeispiele zum *Kuhreigen* oder *Kuhreihen* lassen sich in größeren Nachschlagewerken finden. Damit ist natürlich noch nicht geklärt, wie sich die drei Liedstrophen zu Beginn der Szene I,1 anhören. Hier hilft nur Ausprobieren.

Der Chor der Barmherzigen Brüder könnte auch in einer Art Sprechgesang vorgetragen werden. Auch das lässt sich in einer Gruppe ausprobieren. Schwieriger zu klären ist wohl die Frage, wie man sich die Hochzeitsmusik oder die Schlussmusik vorzustellen hat. Welche Instrumente kommen überhaupt in Frage, die in einem solchen Hochzeitszug gespielt werden können? Im Unterschied dazu ist als Schlussmusik sicher großes Orchester denkbar.

Andererseits bleibt zu fragen, ob und inwieweit eine moderne Inszenierung des *Wilhelm Tell* sich überhaupt auf die Regieanweisungen des Autors einlässt. Das gilt für die Hinweise zur Musik in besonderer Weise. Allzu viel Schweizer Lokalkolorit durch Kuhglocken und Alphornklänge könnte leicht angestaubt und kitschig wirken und eine Verstärkung des verbalen Freiheitspathos durch entsprechende Musik könnte ebenso problematisch sein.

42

Gedichtinterpretation

Friedrich Schiller *Der Alpenjäger*

Willst du nicht das Lämmlein hüten?
    Lämmlein ist so fromm und sanft,
Nährt sich von des Grases Blüten,
    Spielend an des Baches Ranft. –
5 „Mutter, Mutter, lass mich gehen,
    Jagen nach den Bergeshöhen!"

Willst du nicht die Herde locken
    Mit des Hornes muntern Klang?
Lieblich tönt das Spiel der Glocken
10   In des Waldes Lustgesang. –
„Mutter, Mutter, lass mich gehen,
    Schweifen auf den freien Höhen!"

Willst du nicht der Blümlein warten,
    Die im Beete freundlich stehen?
15 Draußen ladet dich kein Garten,
    Wild ist's auf den wilden Höhn! –
„Lass die Blümlein, lass sie blühen,
    Mutter, Mutter, lass mich ziehen!"

Und der Knabe ging zu jagen
20   Und es treibt und reißt ihn fort,
Rastlos fort mit blindem Wagen
    An des Berges finstern Ort;
Vor sich her mit Windesschnelle
Scheucht er fliehend die Gazelle.

25 Auf der Felsen nackte Rippen
    Setzt sie mit behändem Schwung,
Durch den Riss gespaltner Klippen
    Trägt sie der gewagte Sprung;
Doch von Fels zu Fels, verwogen,
30 Folgt er mit dem Todesbogen.

Jetzo auf den steilen Zinken
    Hängt sie, auf dem höchsten Grat,
Wo die Klippen jäh versinken,
    Und der wilde Jäger naht,
35 Unter sich die schroffe Jähe,
    Hinter sich des Feindes Nähe.

Mit des Jammers stummen Blicken
    Fleht sie zu dem harten Mann,
Fleht umsonst, denn loszudrücken
40   Legt er schon den Bogen an.
Plötzlich aus der Felsenspalte
Tritt der Geist, der Bergesalte.

Schützend mit den Götterhänden
    Deckt er das verfolgte Tier.
45 „Darfst du Tod und Jammer senden",
    Ruft er, „bis herauf zu mir?
Raums für alle hat die Erde,
Was verfolgst du *meine* Herde?"

Sämtliche Werke. Berliner Ausgabe, Bd. 1: Gedichte.
Berlin: Aufbau Verlag 1980, S. 541 ff.

Schillers Gedicht *Der Alpenjäger* enthält deutliche Bezüge zum *Wilhelm Tell*. Die hier abgedruckte erste Fassung aus dem Jahr 1804 erscheint ein Jahr später im Druck.

▶ Interpretieren Sie das Gedicht.
Untersuchen Sie zunächst die Beziehung zwischen der Mutter und dem Knaben.
Vergleichen Sie diese Strophen mit den folgenden Jagdszenen.
Wie verstehen Sie den Schluss des Gedichts?
Welche Vergleichsmöglichkeiten mit *Wilhelm Tell* sehen Sie?

KOPIERVORLAGE 20

Gedichtinterpretation

Im Zusammenhang mit der Arbeit am *Wilhelm Tell* sind außer dem hier vorgestellten Gedicht *Der Alpenjäger* noch zwei weitere entstanden: Das *Berglied* mit deutlichen Bezügen zu jener Passage, in der Tell Parricida den Weg nach Italien beschreibt, und das auch im Kommentarteil (SBB, S. 146) abgedruckte Gedicht, das Schiller in eine Abschrift seines Schauspiels schrieb, die Karl Theodor von Dalberg, dem Kurfürsten von Mainz, gewidmet war. Vor allem dieses Letztere ist für eine Klausur ebenfalls geeignet.

1793 waren in Bern die *Briefe über ein schweizerisches Hirtenland* erschienen, in denen Schiller die folgende Episode fand: „Alte Eltern hatten einen ungehorsamen Sohn, der nicht wollte ihr Vieh weiden, sondern Gämse jagen. Bald aber ging er irre in Eistäler und Schneegründe; er glaubte sein Leben verloren. Da kam der Geist des Berges und sprach zu ihm: ‚Die Gämse, die du jagest, sind meine Herde; was verfolgst du sie?‘ Doch zeigte er ihm die Straße; er aber ging nach Haus und weidete sein Vieh." (Schiller: Sämtliche Werke. Hrsg. v. Hans-Günther Thalheim u. a. Bd. 1: Gedichte. Berlin: Aufbau Verlag 1980, S. 857f.)

▶ **Die ersten drei Strophen** entfalten den Ausgangskonflikt zwischen der Mutter und ihrem Sohn in dialogischer Form. Die ersten vier Verse der sechszeiligen Strophe sind der Mutter vorbehalten, die ihren Sohn zu Hause halten möchte. Das Vieh muss gehütet, der Garten versorgt werden – diese Arbeiten sind in den Augen der Mutter friedlich, idyllisch und ungefährlich. Der Sohn antwortet jeweils in einem abschließenden Reimpaar: Er will hinauf auf die „Bergeshöhen", raus aus dem Tal und jagen „auf den freien Höhen".

Die nächsten drei Strophen schildern die Jagd auf eine „Gazelle" (hier wohl des Reimes wegen statt der Gämse). Wie hoch auch immer das verfolgte Tier sich in die Berge flüchtet, der Jäger mit seiner Waffe, dem „Todesbogen", ist ihr dicht auf den Fersen. Die Bergwelt wird immer bedrohlicher, doch das scheint den Schützen nicht zu kümmern.

Die letzten beiden Strophen zeigen dann den Höhepunkt und den Umschwung: Opfer und Jäger stehen sich Auge in Auge gegenüber, der Bogen ist schon gespannt, als der alte Berggeist eingreift und das Tier vor dem Jäger rettet.

Seine Worte sind nicht leicht zu deuten. So viel scheint klar: Wenn ein Tier sich bis in diese Höhen hinauf vor dem Menschen gerettet hat, dann ist es seinem Zugriff und seiner Macht entzogen. Der Mensch, hier in Gestalt des jungen Jägers, wird auf die „Erde" zurückverwiesen, also auf jenen Bereich der Natur, der auch von Menschen bewohnt und besiedelt ist. Dort hat er seinen Platz und sein Recht zu jagen. Hier oben gelten dagegen andere Gesetze.

Die sechszeiligen Strophen sind ganz gleichmäßig aufgebaut. Die ersten vier Verse mit dem Reimschema a-b-a-b werden durch ein Reimpaar c-c abgeschlossen. Während die Reimwörter der ersten vier Zeilen immer wechseln zwischen zweisilbig und einsilbig, sind die letzten Reimwörter beide zweisilbig.

Vergleichsmöglichkeiten mit dem *Tell* ergeben sich einmal im Blick auf die beiden Alpenjäger-Lieder in den Szenen I,1 und III,1: Das erste Lied betont den Mut des Jägers und den Abstand zur Welt des Menschen, die er im Hochgebirge weit unter sich gelassen hat. Das zweite klingt unbeschwerter, die Freiheit des Schützen und das Recht, Beute zu machen, werden noch deutlicher betont. Das anschließende Gespräch zwischen Tell und Hedwig kann ebenfalls hinzugezogen werden. Vor allem Hedwigs Schilderung der Gefahren eines solchen Lebens lässt deutliche Anklänge an das Gedicht erkennen (S. 65₁₄₉₂ff.).

44

Robert Walser: *Tell* in Prosa

Robert Walser *Hohlweg bei Küssnacht*

Tell (*tritt zwischen den Büschen hervor*): Durch diese hohle Gasse, glaube ich, muss er kommen. Wenn ich es recht überlege, führt kein anderer Weg nach Küssnacht. Hier muss es sein. Es ist vielleicht ein Wahnsinn, zu sagen: Hier muss es sein, aber die Tat, die ich vorhabe, bedarf des Wahnsinns. Diese Armbrust ist bis jetzt nur auf Tiere gerichtet gewesen, ich habe friedlich gelebt, ich habe gearbeitet,

5 und wenn ich müde von der Anstrengung des Tages gewesen bin, habe ich mich schlafen gelegt. Wer hat ihm befohlen mich zu stören, auf wessen Veranlassung hin hat er mich drücken müssen? Seine böse Stellung im Land hat es ihm eingegeben. (*Er setzt sich auf einen Stein.*) Tell lässt sich beleidigen, aber nicht am Hals würgen. Er ist Herr, er darf meiner spotten, aber er hat mich an Leib, Liebe und Gut angegriffen, er hat es zu weit getrieben. Heraus aus dem Köcher! (*Er nimmt einen Pfeil heraus.*) Der

10 Entschluss ist gefasst, das Schrecklichste ist getan, er ist schon erschossen durch den Gedanken. Wie aber? Warum lege ich mich in den Hinterhalt? Wäre es nicht besser, vor ihn hinzutreten und ihn vor den Augen seiner Knechte vom Pferd herunterzuschlagen? Nein, ich will ihn als das ahnungslose Wild betrachten, mich als den Jäger, das ist sicherer. (*Er spannt den Bogen.*) Mit der friedlichen Welt ist es nun vorbei, ich habe auf das Haupt meines Kindes zielen müssen, so ziele ich jetzt auf die Brust des

15 Wüterichs. Es ist mir, als hätte ich es bereits getan und könnte nach Hause ziehen; was im Geist schon geschehen ist, tun die Hände hinterher nur noch mechanisch, ich kann den Entschluss verzögern, aber nicht brechen, das müsste Gott tun. Was höre ich? (*Er horcht.*) Kommt er schon? Hat er es eilig? Ist er so ahnungslos? Das ist das Eigentümliche an diesen Herren, dass sie ruhigen Herzens Jammervolles begehen können. (*Er zittert.*) Wenn ich jetzt den Schuss verfehle, so muss ich hinabspringen und das

20 verfehlte Ziel zerreißen. Tell, nimm dich zusammen, die kleinste Ungeschicklichkeit macht dich zum wilden Tier. (*Hornruf hinter der Szene.*) Wie frech er durch die Länder, die er erniedrigt, blasen lässt. Er meint herrisch zu sein, aber er ist nur ohne Ahnung. Er ist so sorglos wie ein tanzendes Kind. Hundertfacher Räuber und Mörder. Er tötet, wenn er tänzelt. Ein Ungeheuer muss in der Ahnungslosigkeit sterben. (*Er macht sich zum Schuss bereit.*) Jetzt bin ich ruhig. Ruhige wie ich erledigen Pflichten. (*Der*

25 *Landvogt mit Gefolge auf Pferden. Prachtvoller Auftritt. Tell schießt.*) Du kennst den Schützen. Frei ist das Land von dir. (*Ab.*)

Fritz Kochers Aufsätze. Geschichten. Aufsätze. Das Gesamtwerk in 12 Bänden. Bd. 1
Frankfurt a. M.: © Suhrkamp 1978, S. 258–260

▶ Überprüfen Sie, ob man Robert Walsers *Hohlweg bei Küssnacht* als Parodie auf Schillers *Tell* verstehen kann. Ziehen Sie dazu die folgende Begriffsbestimmung heran:

In einer Parodie wird ein bei den Adressaten als bekannt vorausgesetztes literarisches Werk ganz oder in Teilen unter Beibehaltung kennzeichnender Formmerkmale in satirischer, kritischer oder polemischer Absicht verzerrend nachgeahmt.

Literatur-Lexikon. Daten, Fakten und Zusammenhänge. Hrsg. v. W. Zirbs. Berlin: Cornelsen 1998, S. 280

Robert Walser: *Tell* in Prosa

Schillers Sprache mit ihrem Hang zum Pathetischen hat schon sehr früh Kritiker zur Parodie gereizt. Bekannt ist z. B. August Wilhelm Schlegels Parodie auf *Schillers Lob der Frauen*. Beginnt Schillers Gedicht mit den Versen „Ehret die Frauen! Sie flechten und weben/Himmlische Rosen ins irdische Leben", so heißt es bei Schlegel „Ehret die Frauen! Sie stricken die Strümpfe,/Wollig und warm, zu durchwaten die Sümpfe" (Vgl. Deutsche Lyrik-Parodien. Hrsg. v. Theodor Verweyen und Gunther Witting. Stuttgart: Reclam 1983, S. 33f.) Auch *Das Lied von der Glocke*, unter den Gedichten Schillers sicher besonders bekannt, wurde schon früh parodiert. (Vgl. dazu Wulf Segebrecht: Was Schillers Glocke geschlagen hat. München: Hanser 2005)

Robert Walser, 1878 in Biel im Kanton Bern geboren, der Besuch des Gymnasiums mit 14 Jahren abgebrochen, auch eine Banklehre wird nicht beendet. Versuche, sich als Schriftsteller zu etablieren (zunächst in Deutschland, dann wieder in der Schweiz), sind wenig erfolgreich. Viele seiner kleineren Prosaarbeiten erscheinen zuerst in Zeitschriften, so auch *Tell in Prosa* 1907 in der „Schaubühne".

▶ Liest man die ersten beiden Sätze dieses Textes, dann scheint die Sache klar: Das kann nur eine Parodie auf Schillers *Tell* werden. Die ersten beiden Verse des großen Monologs in der Hohlen Gasse werden fast wörtlich zitiert, allerdings mit zwei die Vorlage deutlich verändernden Zusätzen. Diese beiden Ergänzungen („glaube ich" und „wenn ich es recht überlege") passen ganz und gar nicht zu Schillers Helden, denn der kennt die Gegend und braucht nicht zu mutmaßen, woher der Landvogt kommen könnte. Walsers Tell ist zwar auch nachdenklich und bestrebt sich etwas „recht" zu überlegen, dies aber in einem ganz vordergründigen Sinne. Der hier spricht, ist ein ganz anderer Tell, ein Tell, dem alle Selbstgewissheit, alle Reflexionsfähigkeit und alle sprachliche Differenziertheit abhanden gekommen sind. Im Folgenden erinnert zwar noch manches an Schillers Monolog, aber die sprachlichen Übernahmen wie in den beiden Eingangssätzen fehlen.

Walsers Tell ist ein einfacher Mann, ein Jäger. Dort, wo er über sich und sein bisheriges Leben redet, tut er das in einfachen, klaren Worten. Mühe hat er dagegen Dinge zur Sprache zu bringen, die sich seiner genaueren Kenntnis oder Einsicht entziehen. Das gilt z.B. für die Machtstellung des Landvogts, die er als „böse Stellung im Land" bezeichnet. „Wer hat ihm befohlen mich zu stören?" (Z. 5f.), fragt er. Glaubt er, Gessler handle auf Befehl? Und „stören" ist in diesem Zusammenhang auch eine verharmlosende Wortwahl, wenn man bedenkt, welche Erlebnisse Tell gerade hinter sich hat. Auch die nächsten Sätze sind nur schwer nachzuvollziehen. Wann ist Tell beleidigt, wann verspottet, wann „am Hals" gewürgt worden? Man muss nur noch einmal nachlesen, wie Schiller seinen Tell umschreiben lässt, was Gessler ihm angetan hat, dann wird die sprachliche Kluft zwischen dem einen und dem andern Text umso deutlicher.

Mühe hat dieser „Tell in Prosa" auch damit, seine Gedanken zu Ende zu denken. So fragt er mit einem gewissen Recht, warum er sich denn hier „in den Hinterhalt" (Z. 11) legt, „wäre es nicht besser, vor ihn hinzutreten" (Z. 11) und ihn offen zu bekämpfen. Die Antwort zeigt, dass „besser" nicht im moralischen Sinne zu verstehen ist, nein, es ist vielmehr „sicherer" so. Das Opfer soll „das ahnungslose Wild" (Z. 12 f.) bleiben, das von seinem Jäger erlegt wird. Aber was ist, wenn der Schuss misslingt? Auch dieser Gedanke ist sicher nahe liegend. Nur: Wieso muss Tell dann „zum wilden Tier" (Z. 20 f.) werden, das „hinabspringen und das verfehlte Ziel zerreißen" (Z. 19 f.) muss? Was sind das für Vorstellungen, die unserem Helden hier durch den Kopf gehen? Die Aufforderung „Tell, nimm dich zusammen" (Z. 20) ist, so könnte man sagen, durchaus angebracht, und es gelingt ihm ja auch.

Eine Parodie auf den großen Helden Wilhelm Tell ist das sicher. Robert Walser kann natürlich diese Figur als bekannt voraussetzen, auch der Anfang des Monologs, den er verfremdend zitiert, gehört dazu. Andererseits gilt diese Parodie nicht ausschließlich dem Helden Schillers, dazu entfernt sich der Text zu sehr von der literarischen Vorlage. Man könnte sagen, dass die generelle Vorstellung von dem Schweizer Nationalhelden, wie sie um die Jahrhundertwende im bildungsbürgerlichen Milieu weit über die Schweizer Landesgrenzen hinaus lebendig war, hier parodiert wird.

Katharina Mommsen: Tyrannische Gewalt im *Tell*

Katharina Mommsen *Tyrannische Gewalt im „Tell"*

Man kann Schillers *Wilhelm Tell* als ein Stück über die verschiedenartigen Reaktionen der Menschen auf tyrannische Gewalt auffassen. Schiller zeigt sechs verschiedene Arten von menschlichen Reaktionen auf Gewalt. Er zeigt den planmäßig organisierten Widerstand – das sind Stauffacher, von Attinghausen und die Rütli-Bündler –, dann zeigt er den Widerstand zunächst innerhalb des Gewaltsystems – das ist Bertha –, an Rudenz zeigt er die Anpassung an das System, die man mit allen nur denkbaren Gründen vor sich und anderen rechtfertigt, dann Passivität, Nichtstun aus egoistischen Gründen, das zeigt sich bei Hedwig, aber auch bei anderen, etwas Ängstlicheren im Stück, dann das Sichbeugen bei heimlichem Maulen dagegen – das sind die Bauarbeiter an Zwing-Uri –, schließlich die sechste Art: persönliche Rache – Baumgarten, Tell. Mir ist an diesem Stück deutlich geworden, dass Gewalt nicht nur deswegen unmenschlich ist, weil sie sich gegenüber den Unterworfenen unmenschlich verhält, wie etwa im Falle der Blendung des alten Melchthal, der angedrohten Vergewaltigung von Baumgartens Frau, der Zerstörung der Hütten und Herden in der ersten Szene. Aber das andere ist viel interessanter. Das Gewaltsystem ist unmenschlich vor allem deshalb, weil es die Menschlichkeit der Gewaltunterworfenen pervertiert. Und das kann man an mehreren Figuren ablesen. Am deutlichsten wird die Menschlichkeit jener angegriffen, die vorher, bevor sie die Entwürdigung ihrer Person durch die Gewalt am eigenen Leib erfahren mussten, ihren Mitmenschen als gut erschienen sind. Tell ist bis zur Apfelschussszene ein makelloser Charakter. Aber die Ungeheuerlichkeit, auf sein eigenes Kind schießen zu müssen, verwandelt seine „Milch der frommen Denkungsart in gärend Drachengift". Aus seinem Frieden herausgeschreckt hat er seine moralische Unschuld verloren. Als Tell aus persönlicher Rache seinen Todfeind aus dem Hinterhalt umbringt und sich danach seiner „reinen Hände" rühmt, als einer, der eine heilige Schuld einlösen musste, ist sein Rechtsgefühl pervertiert. Doch Tell verbirgt sein Gesicht während der Begegnung mit Parricida gemäß Schillers Regieanweisung. Das ist in der antiken Dramensprache der Gestus der Schuld. Dass Tell ein Bewusstsein seiner Schuld hat, wird auch dadurch bestätigt, dass er sich als „Mensch der Sünde" bezeichnet und dass er am Ende des Stücks, als ihm alle zujubeln, verstummt. Für mein Gefühl wird Tell zur tragischen Figur durch das politische Gewaltsystem. Und das scheint mir doch etwas sehr Aktuelles zu sein.

Barbara Piatti: Tells Theater. Basel: Schwabe Verlag 2004, S. 119 f.

▶ **1** Fassen Sie die Gedanken der Autorin über Schillers Stück im Ganzen und über die Rolle Tells zusammen.

▶ **2** Überprüfen Sie die Ausgangsthese, man könne „Schillers Wilhelm Tell als ein Stück über die verschiedenartigen Reaktionen der Menschen auf tyrannische Gewalt auffassen" (Z. 1 f.), indem Sie das eine oder andere Beispiel aus dem Stück herausgreifen und kritisch hinterfragen.

▶ **3** Wie beurteilen Sie die hier vorgenommene Deutung der Tell-Figur in Schillers Schauspiel?

Katharina Mommsen: Tyrannische Gewalt im *Tell*

Katharina Mommsen greift in ihrem Beitrag einen zentralen thematischen Aspekt für das Verständnis von Schillers Drama heraus. Sie unterscheidet zunächst sechs verschiedene Reaktionen auf tyrannische Gewalt, die sie jeweils an bestimmten Akteuren festmacht. Dreimal geht es um Formen des Widerstands: der planmäßig organisierte, der innere Widerstand und die persönliche Rache. Auch für die Anpassung sieht die Autorin drei Varianten: Rudenz geht mit seiner offen vorgetragenen Anpassungsbereitschaft am weitesten, die anderen ducken sich vor der Gewalt, indem sie sich passiv verhalten oder sich nur hinter vorgehaltener Hand beklagen. Ob man nun dieser Differenzierung in allen Details so zustimmt oder nicht, ist vielleicht weniger wichtig. Interessanter ist die folgende These der Autorin, dass es neben den direkten Folgen tyrannischer Gewalt für die Betroffenen noch eine verdecktere, aber umso wichtigere Wirkung auf die Opfer gebe. Indem Tell den Entschluss zum Mord fasst und diesen ausführt, habe er auch „seine moralische Unschuld verloren", ja „sein Rechtsgefühl" sei fortan „pervertiert" (Z. 19 ff.). Tell habe sogar „ein Bewusstsein seiner Schuld" (Z. 23). Das könne man schon im Verlauf des Gesprächs mit Parricida in der vorletzten Szene erkennen und es mache sich dann in seinem Verstummen noch einmal bemerkbar.

▶ **1** Es wird den Schülerinnen und Schülern nicht allzu schwer fallen, die Gedanken der Autorin zusammenzufassen und wiederzugeben. Die Vorlage ist zumindest klar strukturiert, die einzelnen Überlegungen sind entsprechend leicht nachzuvollziehen.

▶ **2** Zu erwarten ist, dass die Unterscheidung zwischen den unterschiedlichen Reaktionen auf tyrannische Gewalt in den meisten der genannten Fälle nachvollzogen wird. Vielleicht könnte man im Falle des alten Attinghausen ein Fragezeichen setzen, ob er so ohne weiteres mit denen zusammen genannt werden kann, die den Widerstand planmäßig organisieren. Auch Hedwigs Rolle wird wohl zu einseitig bewertet: Passivität, Nichtstun aus egoistischen Gründen wird ihr nicht gerecht. Ihre Sorge gilt ihrer Familie, darin ist sie Tell sehr ähnlich, aber sie weiß auch, dass Tell in seinem Eifer, anderen zu helfen, rasch sich selbst und die Familie vergisst. Irritieren wird wohl auch der Vergleich der Handlungsweisen von Baumgarten einerseits und Tell andererseits unter dem Stichwort „persönliche Rache". Diese Deutung mag im Falle Baumgartens angehen, allerdings wird dessen Geschichte von Schiller auch nicht weiter entfaltet, sondern nur aus der Vorlage übernommen.

▶ **3** Um die Klärung der Motive Tells ist Schiller dagegen sehr bemüht. Hier hat schließlich der lange Monolog in IV,3 seine wichtigste Funktion. Die Gegenüberstellung mit Parricida, dem Verwandtenmörder, in der vorletzten Szene verfolgt die gleiche Absicht. Tell selbst grenzt seine Tat überdeutlich von der des jungen Johann von Schwaben ab. Er sieht sich selbst in der Rolle des Familienvaters, der Frau und Kinder, Haus und Hof in gerechter Notwehr verteidigt hat (SBB, S. 130$_{3170\,\text{ff.}}$). Anderseits könnte man einwenden, dass diese verbale Selbstrechtfertigung ein inneres Schuldgefühl nicht ausschließen muss. Dann könnte die Geste, mit der Tell sich das Gesicht „verhüllt" (S. 130$_{3195}$), körpersprachlich durchaus im Sinne der Autorin verstanden werden. Ob allerdings auch S. 131$_{3223}$ („TELL Kann ich euch helfen? Kanns ein Mensch der Sünde?") so zu verstehen ist, bleibt wieder zweifelhaft, denn ein „Mensch der Sünde" bleibt Tell als ein mit der Erbsünde belasteter Mensch immer.

Quellenverzeichnis

S. 4, Apfelschuss: Abb. entnommen aus: Barbara Piatti: Tells Theater. Eine Kulturgeschichte in fünf Akten zu Friedrich Schillers „Wilhelm Tell". Basel: Schwabe Verlag 2004, S. 45 (Zentralbibliothek Zürich)

S. 4, Der Sprung Tells: Abb. entnommen aus: Piatti, S. 69

S. 4, Gessler: Abb. entnommen aus: Hans Henning (Hrsg.): Kupferstiche zu Schillers Werken von Johann Heinrich Ramberg. Weimar: Nationale Forschungs- und Gedenkstätten der klassischen deutschen Literatur in Weimar 1984, S. 57

S. 6: Abb. entnommen aus: Piatti, S. 220 (Kunstmuseum Solothurn)

S. 10: Abb. entnommen aus: Henning, S. 54

S. 12: Abb. entnommen aus: Piatti, S. 199 (Schiller Nationalmuseum Marbach)

S. 16: Abb. entnommen aus: Piatti, S. 288 (Schiller Nationalmuseum Marbach)

S. 22, 24: Abb. entnommen aus: Piatti, S. 280 (Stiftung Weimarer Klassik und Kunstsammlungen)

Literaturhinweise

Gesamtdarstellungen

Peter-André Alt: Schiller: Leben – Werk – Zeit. Eine Biografie. 2 Bände. München: Beck 2000

Friedrich Schiller. Dargestellt von Claudia Pilling, Diana Schilling und Mirjam Springer. Hamburg: Rowohlt (rowohlts monographien) 2002

Schiller. Bilder und Texte zu seinem Leben. Hrsg. v. Axel Gellhaus und Norbert Oellers. Köln: Böhlau 1999

Friedrich Schiller. Leben und Werk in Daten und Bildern. Ausgew. u. erl. v. B. Zeller und Walter Scheffler. Frankfurt a. M.: Insel (Insel-Taschenbuch) 1977

Kurt Wölfel: Friedrich Schiller. München: dtv (dtv porträt) 2004

Zum *Wilhelm Tell*

Friedrich Schiller: Wilhelm Tell. Text und Materialien bearbeitet von Herbert Fuchs und Dieter Seiffert. Berlin: Cornelsen (Klassische Schullektüre) 1992 (Schülerband: 522102/Unterrichtskommentar: 522153)

Ingo Scheller: Friedrich Schillers „Wilhelm Tell" szenisch interpretiert. Stuttgart: Klett (Werkstatt Literatur) 2003

Josef Schmidt: Friedrich Schiller: Wilhelm Tell. Erläuterungen und Dokumente. Stuttgart: Reclam 1969

Barbara Piatti: Tells Theater. Eine Kulturgeschichte in fünf Akten zu Friedrich Schillers „Wilhelm Tell". Basel: Schwabe Verlag 2004

Barbara Piatti: 200 Jahre „Wilhelm Tell" von Friedrich Schiller. In: Friedrich Schiller: Wilhelm Tell. Stuttgart: Reclam 2004

200. Todestag von Friedrich Schiller. Das Parlament 55. Jahrgang. Nr. 13/14. Berlin 2005

Heinz Lippuner/Heinrich Mettler u. a.: Schillers „Tell" – für die Schule neu gesehen. Düsseldorf: Schwann 1980

Max Frisch: Wilhelm Tell für die Schule. Frankfurt a. M.: Suhrkamp 1971

Gert Ueding: Wilhelm Tell. In: Interpretationen – Schillers Dramen. Hrsg. v. Walter Hinderer. Stuttgart: Reclam 1992, S. 385–425